Hajo Bücken

W0076439

Auch kleine Leute haben's schwer

Ängste und Fremdheit spielerisch überwinden
unter Mitarbeit von
Heike Baum, Daniela Feix
und Maja Hasenbeck

BurckhardtHaus-Laetare

© 2014, 2. Auflage
Burckhardthaus-Laetare, Körner Medien UG, München

Alle Rechte, auch die des auszugsweisen Nachdrucks, der fotomechanischen Wiedergabe sowie der Übernahme auf Ton- und Bildträger vorbehalten. Ausgenommen sind fotomechanische Auszüge für den eigenen wissenschaftlichen Bedarf.

Umschlaggestaltung: Patricia Fuchs, AVR München
Titelfoto: Igor Yaruta/fotolia.com
Illustrationen: Peter Weber, Bremen Mediendesign
Fotos: S. 7 Comstock/Stockbyte
S. 27 saasemen/Thinkstock.com
S. 45 dberol/Thinkstock.com
S. 59 Monkey Business/fotolia.com
S. 77 Hemera/Thinkstock.com
S. 82 javier brosch/fotolia.com

Satz und Layout: Sigrun Borstelmann, München
Druck und Verarbeitung: Publikum, Belgrad

www.burckhardthaus-laetare.de
ISBN: 978-3-944548-12-8

Inhalt

Inhalt

Was ist fremd?

Auf Schritt und Tritt begegnet uns heute ein Phänomen, das wir längst überwunden glaubten: der Fremdenhass. In den neuen wie den alten Bundesländern überrollt uns eine Welle von Hass, Wut und Gewalt. Was können wir Pädagogen dagegen tun? Sind wir nicht gefordert, uns einzumischen? Wir, die wir ein ganz anderes Menschenbild als Ziel haben? Beileibe nicht alles lässt sich bei diesem gesellschaftlichen Phänomen mit „Fremdheit" erklären. Es gibt da viele Faktoren, die pädagogisch nicht zu überwinden sind, die politisch in den Griff bekommen werden müssen. Doch wir können vielleicht einen kleinen Teil bearbeiten.

Überforderung der Pädagogen

Es ist wünschenswert, dass wir mit dem Ansprechen und dem Umgang mit Toleranz, mit Ängsten, mit Fremdheit noch früher beginnen. Aber ist das möglich bei drei- bis siebenjährigen Menschlein? Das brachte uns auf die Frage, was für Ängste, Sorgen und Nöte diese Kinder denn haben, ob wir diese ernst nehmen und wie wir damit umgehen können. Hier liegt nun das vorläufige Ergebnis vor, in dem wir uns des Problemfeldes angenommen haben. Dass sich darin keine Wunderheilungen finden lassen, ist verständlich.

Umgang mit Kindersorgen

Aber mithilfe der Praktikerinnen Heike Baum, Daniela Feix und Maja Hasenbeck ist ein Band entstanden, der da ansetzt, wo auch kleine Kinder es verstehen. Damit wir selbst es auch verstehen, ist das Buch folgendermaßen aufgebaut: Am Anfang stehen Versuche, sich dem Thema spielend zu nähern. Danach folgt eine „Bestandsaufnahme"

Theorie und Medien

der Kinderängste. Im dritten Teil geht es darum, die Angst und Fremdheit spielerisch anzusprechen. Der vierte Teil macht uns mit anderen Kulturen bekannt, im fünften dann folgen Spiele und Methoden, die Mut zur Neugier machen, Mut, gemeinsam zu spielen, zu handeln, zu leben. Die Mittel, den Kindern die Problematik nahezubringen, sind vielfältig. Sie als Benutzer/-innen finden in diesem Band außer dem schon erwähnten mehr theoretischen Teil über die Kinderängste einen ganzen Fächer von Medien. Da gibt es Spiele und Spielformen sowie Spielketten, da finden Sie Lieder und Mitmachgeschichten. Die Autoren haben eine bunte Mischung von Vorschlägen erarbeitet, die ohne große Vorbereitung und fast gänzlich ohne den Einsatz von Materialien in der Kindergruppe realisiert werden können.

Kein Erfolg über Nacht

Wir hoffen nun alle, dass diese Vorschläge auch umgesetzt und damit Erfolge erzielt werden. Dabei ist klar, dass sich Erfolge nicht über Nacht einstellen können, ja, dass sie uns vielleicht sogar niemals sichtbar werden. Auch die Pädagogik hat ihre Grenzen, das wissen wir alle. Kein Grund, nichts zu tun.

Berlin, im Januar 2014
Hajo Bücken

Teil 1

Auch kleine Leute haben's schwer

Angespielt

Wie schön war sie doch, die Kinderzeit; wie unbeschwert, ohne Sorgen und Ängste. Alles Quatsch, wissen wir, die wir mit Kindern umgehen, mit ihnen arbeiten. Auch Kinder haben Ängste, haben Sorgen, haben Schwierigkeiten, nicht die von uns Erwachsenen, aber deshalb doch nicht weniger intensiv. Versuchen wir, uns gemeinsam mit den Kindern diesem Thema zu nähern. Versuchen wir herauszufinden, was sie bewegt. Spielen wir uns also in dieses Thema.

WAS IST SCHWER?

Setzen Sie sich mit den Kindern in einen Stuhlkreis und stellen ihnen die Aufgabe, alle ihnen bekannten Dinge zu nennen, die schwer sind, und solche, die leicht sind. Lassen Sie die Kinder ruhig durcheinander aufzählen, was ihnen gerade einfällt. Hören Sie einen Begriff, der vielleicht falsch eingeordnet ist oder auf den ersten Blick nicht verständlich, dann unterbrechen Sie und fragen nach.

Dann bitten Sie die Kinder, zu beiden Begriffen Gegenstände zu finden und in den Kreis zu bringen. Es dürfen ruhig auch zwei Kinder bei einem Gegenstand anpacken. Hat die Sammlung auf dem Boden in der Mitte Platz gefunden, stellen die Kinder einander die Gegenstände vor.

Eine zweite kurze Runde kann sich anschließen, während der es um die Relationen der Begriffe geht. Was ist leichter, eine Feder oder ein Pfennigstück? Was ist schwerer, ein Stück Holz oder ein gleich großes Stück Metall?

ES SCHWER HABEN

Halten Sie eine Tafel oder ein großes Blatt Papier bereit. Dann fragen Sie die Kinder, ob sie solche Sätze schon von ihren Eltern gehört haben: „Du bist aber schwer!" – „Mit dir habe ich es aber schwer!" Die Kinder dürfen nun beschreiben, was sie eigentlich darunter verstehen. Machen Sie ihnen noch einmal deutlich, worin der Unterschied zwischen beiden Aussagen besteht. Dann sollen sie aufzählen, in welchen Bereichen es ihre Eltern mit ihnen wohl schwer haben. Sie notieren die Aussagen.

Anschließend stellen Sie die Frage, wobei es die Kinder denn selbst schwer haben. Es kommen bestimmt witzige Aussagen, über die alle gemeinsam lachen können. Bei „ernsten" Bemerkungen stoppen Sie die Aufzählungen und fordern das betreffende Kind behutsam auf, ein wenig mehr davon zu erzählen. Fragen Sie die anderen, ob es ihnen auch so geht.

SO WAR'S BEI MIR AUCH!

Zum Ende unserer kleinen „schweren" Einheit erzählen Sie eine Geschichte. Sie haben sich die Punkte, die darin vorkommen sollen, bereits auf der Tafel oder dem Papier notiert.

Jetzt fassen Sie diese zusammen und erzählen vielleicht die Geschichte vom braven Hans und der ungezogenen Liese. Dieser mustergültige Hans macht es seinen Eltern leicht, zu leicht. Er ist immer adrett, sauber, folgsam und angepasst. Sie dürfen ruhig übertreiben. Immer wenn Hans wieder einmal eine den Eltern gefällige Tat vollbracht hat, zeigt sich Liese von einer ganz anderen Seite, wühlt im Dreck, ist ungezogen, hört nicht zu, verbreitet Chaos …

Die Kinder sitzen im Kreis und lauschen gebannt Ihrer Geschichte. Wann immer sie sich in Hans oder Liese wiedererkennen, wann immer sie solches auch erlebt haben, spielen sie mit. Alle, die sich genannt fühlen, gehen im Kreis herum. Die anderen klopfen ihnen entweder mit dem Lob „Braver Hans!" auf die Schulter oder schütteln mit den Worten „Böse Liese!" den Zeigefinger. Dann setzen sich die Kinder wieder hin und die Geschichte geht weiter.

Zum Schluss reden Sie kurz mit den Kindern darüber, ob sie das „Böse" wirklich so böse fanden und das „Brave" wirklich so brav war. Damit reicht es für heute, es war anstrengend genug.

Spielerisch begreifen

*A*lle, die tagtäglich mit kleinen Kindern zu tun haben, wissen: Das Begreifen geht über das Greifen. Wie oft raufen wir uns die Haare, weil die Kleinen buchstäblich alles anfassen und dann flugs in den Mund stecken – immerhin das Sinnesorgan, das frühzeitig als das wichtigste erkannt ist. Wenn die Kinder also durch Greifen begreifen, nach allem tasten, um die Funktion, das Aussehen, den Geruch und den Geschmack der Dinge zu verstehen, haben wir hier eine sehr gute Voraussetzung für das Lernen.

Die Wahrnehmung ist nun einmal unsere menschliche Möglichkeit, Eindrücke durch unsere Sinne zu erfassen. Das Training der Wahrnehmung kann – wie schön – durchs Spiel geschehen. Spiele, die sich um die Wahrnehmung drehen, nennt man auch „Kimspiele", nach Rudyard Kiplings Buch „Kim".

Damit wir uns weiter unserem Thema annähern können, folgen hier einige Vorschläge zu Greifspielen, danach zu Symbolen und schließlich zu Rollenspielen.

GREIF ZU!

Was mir bekannt ist, das erkenne ich auch an seiner Form. Was mir unbekannt ist, macht mir beim Erkennen Schwierigkeiten. Das gilt auch für das Greifen; also greifen wir. Erst einmal losstürmen und drei kleine Dinge einsammeln; da gibt es keine Grenzen, nur klein muss es sein, höchstens so groß wie zwei Fäuste zusammen. All diese Dinge werden in einen Sack gesteckt.

Dann werden dem ersten Kind die Augen verbunden. Sechs Dinge holt ein anderes Kind aus dem Sack und legt sie vor das „blinde" Kind. Dieses greift sich ein Ding nach dem anderen. Die bekannten Dinge legt es mit einem „Kenn ich!" auf die eine Seite, die unbekannten mit einem „Kenn ich nicht!" auf die andere. Dann soll es die Dinge, die es erkannt hat, nennen. Danach wird ihm die Binde von den Augen genommen und es schaut sich an, was es nicht kennt. Die anderen dürfen es ihm erklären. Nun ist das nächste Kind an der Reihe, bis wir keine Lust mehr haben.

Als Zweites spielen wir „Greiflauf". Die Spielleiterin nennt die Eigenschaften von Gegenständen. Die Kinder laufen so schnell wie möglich zu einem solchen Gegenstand und greifen ihn. Dann wird die nächste Eigenschaft gerufen, und wieder laufen alle so schnell wie möglich zu einem entsprechenden Gegenstand. Die Eigenschaften könnten sein: nass, weich, kalt, groß, rund etc.

MACH DIR EIN BILD!

Wir alle haben Bilder in unseren Köpfen gespeichert, Bilder von Menschen, Räumen und Gegenständen, Bilder von Tag und Nacht, Bilder von Situationen, von Träumen und Wünschen, sogar von Gefühlen und Gedanken. Wenn ich mir von etwas „ein Bild machen" kann, wie es so treffend in unserer Sprache heißt, dann ist mir das Ganze schon nicht mehr so fremd, so unheimlich, so angstmachend.

Bilder kann man machen – malen, gestalten, fotografieren – und Bilder kann man spielen, darstellen. Lassen wir die Kinder zwei Bilder malen, sie können ruhig nebeneinander auf dem Papier stehen. Das eine Bild soll darstellen, was mir Angst macht, das andere soll Freude ausdrücken. Haben die Kinder ihre Bilder gemalt, schauen wir sie uns gemeinsam an. Es gibt sicher viele Anlässe, über das eine oder das andere Bild zu sprechen.

Vielleicht sagen die Kinder etwas zu ihren eigenen Bildern, vielleicht stellen sie fest, dass auf den anderen Bildern etwas gemalt ist, das ihnen selbst gar keine Angst macht.

Dann versuchen wir uns als kleine Darsteller. Die Kinder können sich zu Paaren oder zu kleinen Gruppen zusammentun und der Gruppe vorspielen, was ihnen im Alltag Angst macht. Die Spielleiterin hilft ein wenig, indem sie ein paar Dinge benennt, die Angst machen könnten: der Keller, der Straßenverkehr, „große Jungs", Fremde, aber auch häusliche Situationen oder vielleicht sogar Szenen aus dem Kindergarten. Wir schauen uns gemeinsam die kleinen Szenen an und sprechen dann darüber, fragen, wie es den Darstellern ergangen ist und wie sich die Zuschauer gefühlt haben.

Zum Ende dieser Phase aber sollten wir nicht auseinandergehen, ohne zusammen ein fröhliches Spiel oder ein gemeinsames Lied zu erleben.

Eure Sorgen
möchte ich haben

*A*ch wie schön war sie, die Kinderzeit! In unseren Köpfen bleibt anscheinend mehr das Gute denn das Schlechte hängen. Wenn wir uns genau erinnern, dann wissen wir schon, dass auch in unserer Kindheit nicht alles Honigschlecken war. Haben denn nur Erwachsene und vielleicht noch Jugendliche Sorgen? Ganz bestimmt nicht! Auch die Nöte, Ängste und Sorgen der Kinder sollten ernst genommen werden. Es wäre doch ganz praktisch, wenn die Kinder mehr über die Sorgen der Erwachsenen wüssten, diese wiederum einen Einblick in Kindersorgen bekämen. Also versuchen wir einmal einen Austausch!

SORGEN DER KLEINEN

Mit kleinen Zeichnungen nähern wir uns der Fragestellung: Was für Sorgen haben große Leute? Was für Sorgen haben kleine Leute?

Unser Zeichner hat hier sechs kleine Bilder gemalt, von denen jeweils zwei zusammengehören. (Vielleicht können Sie ja weitere Bilder hinzufügen und so für mehr Auswahl sorgen.)

Drei der Bilder erzählen von den Sorgen der Großen: Geld – Gesundheit – Liebe. Die drei anderen Bilder erzählen von den Sorgen der Kleinen: Süßigkeiten – Zeit – Liebe. Die Kinder haben Zeit, die Bilder (vielleicht vergrößert und/oder kopiert) in Ruhe zu betrachten. Anschließend erzählen sie, was sie auf den Bildern sehen und was sie sich darunter vorstellen. Am Ende versuchen sie Zuordnungen. Eine Zuordnung könnte sein:

Kleine:	Große:
Süßigkeiten (Versorgung)	Geld
Zeit (von den Großen)	Gesundheit (Lieblingsthema einiger Großer)
Liebe (zu wenig Zuwendung)	Liebe (bei den Großen genauso)

Im zweiten Schritt fragen Sie die Kleinen, was sie denn sonst noch für Sorgen haben. Alle Stichworte werden aufgeschrieben. Dann wird gefragt, welche Sorgen die Erwachsenen denn sonst noch haben könnten. Auch das wird aufgelistet. Danach gehen Sie die Stichworte durch; gemeinsam wird überlegt, welche einfachen kleinen Zeichnungen auf diese Stichworte passen könnten. Diese werden dann gezeichnet. Zum Schluss versuchen alle gemeinsam, auch diese Bilder nach dem oben vorgeschlagenen Muster zu ordnen. Dabei wird natürlich viel erzählt …

Schau doch mal hin

*A*ls kleine Einführung in die Wahrnehmungsspiele nehmen Sie einen Teller, legen einige unterschiedliche Knöpfe darauf und verdecken ihn mit einem Handtuch. Dann erzählen Sie die Geschichte von Kim, der immer alles besser wusste. Aber eines Tages spielte er mit einem anderen Jungen dieses Spiel: Eine kurze Zeit auf den Teller schauen, dann wieder verdecken und aufzählen, was man alles gesehen hat. So oft Kim auch spielte, er war immer schlechter als der andere Junge. Woran das lag? Daran, dass er nicht gut genug hinschaute. Im Übrigen heißen seitdem Wahrnehmungsspiele auch „Kimspiele".

KNOPF AN KNOPF

Das Handtuch wird weggezogen. Die Kinder schauen sich die Knöpfe an. Dann wird der Teller verdeckt. Gemeinsam zählen die Kinder auf, was sie gesehen haben. Fällt keinem mehr etwas ein, wird das Handtuch wieder weggenommen und nachgeprüft, ob alles richtig gesehen wurde.

Danach erklären Sie den Kindern, dass nun Fragen gestellt werden. Vor jeder Frage sollen sich die Kinder die Hände vor die Augen halten, damit sie nichts sehen. Danach dürfen sie – ruhig durcheinander – auf die Frage antworten – und dann erst die Hände von den Augen nehmen.

Sie fragen nach der Farbe des Bodens, der Wände, der Vorhänge, danach, wie viele Kinder Brillen tragen und welche heute fehlen …

Als Nächstes produzieren Sie Geräusche und die Kinder müssen herausfinden, um welche Geräuschquellen es sich handelt. Klappern Sie mit dem Schlüsselbund, öffnen Sie eine Tasche, rascheln Sie mit dem Rock, geben Sie sich einen Klaps auf die Wange, schnalzen Sie mit den Fingern, schreiben Sie etwas …

Ein wenig mehr Vorbereitungszeit kostet „Schmeck-Kim". Schneiden Sie Früchte klein und lassen Sie die Kinder kosten; noch mehr Spaß macht das mit verschiedenen Eissorten. Auch Getränke eignen sich und vieles mehr …

Kümmere dich um mich

GROSSWETTERLAGE

Die Erzieherin hat im Raum verteilt vier Filzbilder aufgehängt (Sonnenschein, Regen, Gewitter, grauer Nebel). Alle Kinder schauen sich die Bilder genau an und versuchen, sich zu einigen, welche Stimmung wohl zu welchem Bild passt und wann oder warum jemand z. B. traurig sein kann. Anschließend bekommt jedes Kind einen anderen Anstecker (das können aus Katalogen ausgeschnittene Blumen und Bäume sein oder selbst gemalte Buttons), an den auf der Rückseite das grobe Teil eines Klettverschlusses geklebt ist, weil das ganz toll auf Filz haftet. Diese Anstecker sind die persönlichen Zeichen der einzelnen Kinder, die nun jeden Morgen, wenn sie in den Raum kommen, als Erstes ihren Anstecker auf das für sie zutreffende Wetterbild heften. Nun gibt es verschiedene Variationsmöglichkeiten, die „Großwetterlage" aufzuarbeiten. Am Anfang ist es sinnvoll, die Kinder in der Großgruppe erzählen zu lassen, warum sie heute so gelaunt sind. Dabei kommen nicht alle Kinder zum Zug, was überhaupt nicht schlimm ist, da viele der Kinder häufig Probleme mit dem Reflektieren ihrer eigenen Gefühle haben. Diese Kinder können so anfänglich angstfrei den anderen zuhören und sehen, wie die anderen ihre Wut etc. erklären. Wenn die Kinder dies ein paarmal in der Großgruppe erlebt haben, kann die Erzieherin die Kinder der verschiedenen Wetterlagen in der Kleingruppe sich gegenseitig erzählen lassen. Ziel ist, dass die Kinder lernen, ihre Gefühle ohne die Interventionen der Erzieherin zu besprechen. Dabei kommt es darauf an, dass bei Bedarf auch Lösungsmöglichkeiten für Probleme gemeinsam gesucht werden.

MIMÜRFEL

Die Mimürfel sind Würfel, auf denen sich sechs verschiedene Gesichter (strahlend, lächelnd, ausdruckslos, erstaunt, traurig, wütend) auf den Würfelflächen befinden. Sie sind vom Herausgeber Hajo Bücken entwickelt worden und über Neues Spielen (www.neues-spielen.de) zu beziehen. Den Würfeln liegt eine Broschüre mit vielen weiteren Spielideen bei. Bevor mit dem Mimürfel gespielt werden kann, müssen sich die Kinder mit den verschiedenen Gesichtern vertraut machen. Am besten malt die Erzieherin die Gesichter auf einen 20 x 20 cm großen Schaumgummiwürfel.

Alle Kinder setzen sich in einen Kreis. Nun wird die verschiedene Mimik besprochen und jedes Kind versucht, die verschiedenen Gefühle selbst mit dem Gesicht auszudrücken. Anschließend kann ein Mimiktelegramm aufgegeben werden, indem ein Kind seinem Nachbarn hinter vorgehaltener Hand eine Mimik vormacht und dieses Kind diese Mimik weitergibt.

Spannend, was da nach einer Runde alles herauskommen kann. Jetzt würfelt jedes Kind einmal mit dem großen Würfel. Die gewürfelte Mimik wird von den Kindern benannt und nachgemacht. Anschließend überlegt die Gruppe, wie man dieses Gefühl noch ausdrücken könnte, z. B. bei Wut stampfen usw.

Nach dieser Runde würfelt wieder jedes Kind und beschreibt eine Situation, in der es sich so gefühlt hat, wie es der Würfel gerade anzeigt. Kinder, die ein ähnliche Situation auch schon einmal erlebt haben, machen die Mimik nach.

MIMIK RATEN

Zwei Kinder gehen aus dem Kreis und würfeln mit einem Mimürfel so, dass die restliche Gruppe den Würfel nicht sehen kann. Die zwei stellen die gewürfelte Mimik dar, und die Gruppe rät, welche Mimik gewürfelt wurde. Dann sind die nächsten beiden Kinder an der Reihe.

MIMIKFAMILIEN

Jedes Kind hat einen sauberen Joghurtbecher und einen Mimürfel. An seinem Platz würfelt nun jedes Kind heimlich und deckt den Mimürfel mit dem Becher zu. Nun versuchen die Kinder, die gewürfelte Mimik nachzuahmen und durch dazu passende Geräusche, sich nach den ausgedrückten Gefühlen zu gruppieren. Wenn sich alle gefunden haben, wird unter die Becher geschaut, um zu sehen, ob es auch gestimmt hat. Wenn die Kinder dies ein paarmal versucht haben, lassen sie die Geräusche weg und versuchen, sich nur noch anhand der Mimik zu finden.

Sind die Mimürfel den Kindern vertraut geworden, können die Kinder morgens, wenn sie in die Gruppe kommen, einen Mimürfel so unter den Becher legen, dass er ihre heutige Stimmung oben anzeigt. Sind alle Kinder da, suchen sich dieselbe Mimik wieder. Dann kann in Kleingruppen darüber gesprochen werden, warum sich die Kinder heute so fühlen.

MIMIKGESCHICHTEN

Alle Kinder sitzen im Kreis. Die Erzieherin würfelt mit dem Mimürfel und fängt an, eine Geschichte zu erzählen, in der die Hauptfigur der Geschichte die gewürfelte Stimmung hat. Dann gibt die Erzieherin den Würfel weiter, und das erste Kind erwürfelt ein Gefühl, mit dem es die Geschichte weitererzählt. So wacht

Daniel, der fünf Jahre alt ist, eines Morgens fröhlich auf und freut sich, weil die Sonne scheint, aber dann wird er traurig, er hat seit gestern Bauchweh und darf deshalb heute nicht in den Kindergarten …, das Kind, das gerade an der Reihe ist, bestimmt selbst, wann es zu erzählen aufhört, indem es den Würfel an seinen Nachbarn weitergibt.

DA KÖNNT' ICH DOCH

Die Kinder setzen sich in Dreiergruppen zusammen und überlegen sich eine Situation, in der Kinder Hilfe brauchen, und wie sie diese kurz darstellen könnten. (Die Erzieherin sollte sich selbst vorher Situationen überlegen, damit sie evtl. Vorschläge machen kann.) Wenn alle vorbereitet sind, setzen sie sich wieder zusammen und die erste Gruppe spielt ihre Szene vor. Die Gruppe rechts von ihr steht auf und greift spontan helfend ein, soweit sie das kann, oder sie zeigt Möglichkeiten auf, wer jetzt helfen könnte. Danach spielt sie selbst ihre vorbereitete Szene vor und die nächste Gruppe greift helfend ein.

KLOPFMASSAGE

Die Kinder stehen im Kreis und drehen sich alle nach rechts. So steht jedes Kind mit dem Gesicht zum Rücken des Vordermannes oder der Vorderfrau. Die Erzieherin leitet das Massieren die ersten Male an, damit die Kinder lernen, behutsam vorzugehen. So fängt die Erzieherin an, ganz sanft auf den Rücken des Kindes, das vor ihr steht, von oben nach unten und wieder zurück, mit den flachen Händen zu klopfen. Jedes Kind versucht nun, die erhaltenen Berührungen in der gleichen Intensität an das nächste Kind weiterzugeben. Dabei ist wichtig, dass die Erzieherin der Gruppe auch spürt, ob sie gerade fähig, sind behutsam miteinander umzugehen. Wenn während der Massage ständig Kinder ermahnt werden müssen, weil sie zu fest klopfen, macht es bald allen keinen Spaß mehr. Nach einiger Zeit entwickeln die Kinder ein Gespür für die Klopfmassage. Dann können sie zu dritt eine Decke oder ein Tuch nehmen. Abwechselnd legt sich ein Kind mit dem Bauch nach unten auf die Decke und wird von den anderen zwei Kindern vom Hals über den Rücken bis zu den Beinen hinunter und wieder zurück gleichmäßig beklopft.

KNUDDELKISTCHEN

Jedes Kind bringt einen Schuhkarton mit in die Gruppe. Es beklebt ihn mit Stoff, buntem Papier oder malt ihn einfach mit Farben an. So hat jedes Kind eine kleine Kiste, die für vieles verwendet werden kann. Die Kisten stehen für alle zugänglich im Raum. Nun können sich die Kinder gegenseitig Überraschungen oder, wenn sie sich durch etwas gestört fühlen, einen gemalten Blitz in die Kästchen legen. Auch hat ein kleines Kuscheltier darin Platz, mit dem die Kinder sich und andere trösten können.

Wichtig ist dabei, dass sie nicht zu Müllboxen verkommen. Die Nachrichten, die hineingelegt werden, müssen von der Erzieherin in Gesprächen immer wieder aufgegriffen werden, sodass die Kinder sie nicht nur in die Kästchen legen, sondern sich auch direkt mit ihnen – und auf diesem Wege miteinander – befassen.

Eine gute Möglichkeit dazu ist der Schlusskreis, vor dem jedes Kind in sein Kästchen schaut und bei dem entsprechende Probleme thematisiert werden können. Die Kinder können dann ohne „Reste" im Bauch nach Hause gehen.

H. B.

Gemeinsam sind wir toll

GRUPPENPORTRÄT

Zwei Kinder malen sich gegenseitig in Lebensgröße. Dazu legt sich zuerst das eine Kind auf ein großes Papier, und der Umriss wird mit einem dicken Farbstift nachgefahren.

Anschließend ist das andere Kind an der Reihe. Nun können die Kinder ihr eigenes (oder auch andere) Porträt mit Finger- oder Plakatfarben ausmalen.

Wenn die Bilder getrocknet sind, werden sie an einer Wand im Gruppenraum wie ein Gruppenfoto zusammengestellt und aufgehängt. Hat der Raum nicht so viel freie Wandfläche, kann auch nur der Kopf und Schulterbereich gemalt werden.

Dazu könnte ein Diaprojektor verwendet werden. Dieser projiziert sein Licht auf ein Stück Papier (DIN A3), das an der Wand befestigt worden ist. Vor dieses Papier setzt sich ein Kind und wirft seinen Schatten auf das Papier, der nun nachgezeichnet werden kann.

PYRAMIDE DES KÖNNENS

Als Ergänzung zum Gruppenporträt – oder auch unabhängig davon – kann sich jedes Kind überlegen, was es denn alles kann, so zum Beispiel: allein anziehen, Schuhe binden, Flöte spielen, Ruderboot fahren … Für diese Fähigkeiten erfinden die Kinder dann Zeichen oder Piktogramme, die sie auf Papier malen.

Anschließend werden sie um das Gruppenporträt oder an die Wand als eine gemeinsame „Pyramide des Könnens" geklebt. Dabei werden alle ins Staunen kommen, was sich da bereits an Können angesammelt hat.

DORNZWERGCHEN

Ein Kind stellt sich als Dornzwergchen in die Mitte des Raums. Es wird von bis zu sieben anderen Kindern (Rosen) bewacht. Die restlichen Kinder stehen als Befreier in einem großen Kreis um diese Gruppe herum und versuchen, einen Ball zu Dornzwergchen zu werfen oder zu rollen.

Hat Dornzwergchen den Ball in den Händen, ist es befreit und darf mit dem Werfer die Plätze tauschen. Das bedeutet, der Befreier wird Dornzwergchen und umgekehrt. Dasselbe passiert, wenn eine Rose den Ball erwischt, dann wird auch diese zum Befreier und der Werfer zur Rose.

Wenn die Kinder diesen Spielablauf verstanden haben und das Wechseln der Plätze von selbst funktioniert, können nach und nach mehr Bälle (für jeweils fünf mitspielende Kinder einen Ball) in den Außenkreis gegeben werden.

WEIL DU SO TOLL …

Alle Kinder sitzen im Kreis, in dessen Mitte viele Dosen stehen. In diesen hat die Erzieherin je einen Zettel platziert, auf dem eine von verschiedenen schwierigen Situationen beschrieben wird, z. B. „Du wachst nachts auf und auf deinem Bett sitzen fünf Gespenster, die Angst haben" oder „Eines Tages kommt der Sternenbär und entführt dich auf den Mars" oder „Auf deiner Geburtstagsfeier fällt keinem mehr ein, was ihr jetzt noch tun könntet".

Eines der Kinder hat einen Tennisball und versucht, ihn in eine Dose zu werfen. Trifft es nicht, wirft das Kind, zu dem der Ball gerollt ist, als Nächstes. Trifft ein Kind eine Dose, liest die Erzieherin den entsprechenden Zettel vor. Das Kind, das den Treffer gelandet hat, überlegt sich, welches Kind aus der Gruppe es in dieser Situation bei sich haben möchte.

Anschließend begründet es seine Entscheidung mit einer besonderen Stärke dieses Kindes, welche in dieser Situation hilfreich sein kann, z. B.: „Ich möchte Sonja dabeihaben, weil sie mit ihren Witzen die Angst der Gespenster vertreiben kann". Besonders toll wäre es, wenn dabei klar wird, dass Eigenschaften wie schüchtern, still, klein usw. manchmal auch von Vorteil sein können.

BLINDE SCHLANGE

Alle Kinder stehen in einer Schlange und halten sich am Bauch des Vordermanns fest. Alle, bis auf das erste Kind, haben die Augen geschlossen. Das Kind führt nun die Schlange behutsam durch einen zuvor aufgebauten Parcours. Hat die Schlange es geschafft, kann ein anderes Kind die Führung übernehmen.

Ist die Gruppe sehr groß, sollten mehrere Schlangen mit jeweils ca. acht Kinder parallel laufen können. Dies hat den Vorteil, dass mehr Kinder diesen verantwortungsvollen Part des Führens übernehmen können.

LABYRINTH

Die Erzieherin stellt verschiedene Gegenstände wie Stühle, Tische etc. in den Raum. Jeweils zwei Kinder stellen sich zusammen. Nun schließt ein Kind die Augen und wird vom Partner durch das Labyrinth geführt. Dabei soll es aber nicht an die Hand genommen, sondern nur durch Worte dirigiert werden. Es geht dabei über die Stühle, unter den Tischen hindurch, durch einen Reif zum anderen Ende des Raums. Ist das Kind angekommen, wird gewechselt.

GEMEINSAM IST ES TOLL

Die Kinder bewegen sich zur Musik frei durch den Raum. Stoppt die Erzieherin die Musik, bleiben die Kinder stehen und warten auf eine Anweisung. Die Anweisungen sollten so gestaltet sein, dass sich die Kinder absprechen und gegenseitig helfen müssen, um die Aufgabe zu erfüllen. Ist sie erfüllt, beginnt die Musik wieder zu spielen, und die Kinder dürfen sich bis zur nächsten Aufgabe erneut frei bewegen. Mögliche Aufgaben für diese Variation vom Atomspiel wären z. B.:

✿ „Stellt euch zu sechst zusammen und tragt den leichtesten von euch einmal durch den Raum."

✿ „Geht zu dritt zusammen und lauft ein Stück, aber dabei dürfen nur drei Füße den Boden berühren."

❀ „Die Bauklötze in diesem Korb müssen in die Kiste am anderen Ende des Zimmers. Jeder darf aber nur einen Bauklotz auf einmal in der Hand halten, und wer einen Bauklotz hält, darf sich nicht von der Stelle rühren."

❀ „In Fünfergruppen habt ihr jetzt ein paar Minuten Zeit, aus dem Material hier im Zimmer einen Turm zu bauen, so hoch wie möglich."

❀ „Setzt euch zu dritt bequem hin und überlegt euch, was ihr tun würdet, wenn ihr beim Ballspielen die Scheibe vom Nachbarn kaputt geworfen hättet. Anschließend erzählt ihr es allen."

KREISLÄUFER

Alle Kinder sitzen im Kreis. Die Erzieherin gibt nun nach und nach verschiedene Gegenstände in den Kreis, die die Kinder auf eine vorgeschriebene Art und Weise weitergeben müssen. Den Ball mit den Füßen, die Streichholzschachtel mit der Nase, ohne die Hände zu Hilfe zu nehmen, den Tischtennisball auf einer Zeigefingerkuppe, den Luftballon zwischen die Ellenbogen geklemmt, der Wattebausch muss über den Boden geblasen werden …

ARMER KREBS

Ein Kind ist Fänger und steht allen anderen Kindern am anderen Ende des Spielfeldes gegenüber. Die Gruppe hat eine(n) heimlich zum armen Krebs erklärt. Im Krebsgang bewegen sich nun die Kinder und der Fänger zum jeweils gegenüberliegenden Ende des Spielfeldes. Der Fänger schlägt dabei so viele Kinder ab, wie ihm möglich ist. Aber nur wenn er den armen Krebs erwischt, der von den anderen Kindern geschützt wird, hat er gewonnen und ein anderes Kind wird Fänger.

Fängt ein Kind den armen Krebs mehrmals nicht, können auch zwei und mehr Fänger eingesetzt werden.

GRUPPENNETZ

Alle sitzen in einem Kreis. Ein Kind knotet den Anfang eines Wollknäuels an seinem Stuhlbein fest und wirft das Knäuel dann einem anderen Kind zu. Jeder, dem das Knäuel zugeworfen wird, wickelt es einmal um sein Stuhlbein. Bevor ein Kind das Knäuel jedoch weiterwirft, nennt es etwas, das ihm in der Gruppe nicht gefällt, oder was es sich anders wünschen würde.

So entsteht ein Netz, das deutlich macht, wie alle miteinander verbunden sind. Ist das Knäuel zu Ende oder weiß niemand mehr etwas zu sagen, wird die Wolle wieder aufgewickelt, indem das Knäuel in umgekehrter Reihenfolge wieder zurückgeworfen wird.

In dieser Runde sagen die Kinder vor jedem Wurf, was ihnen in der Gruppe gut gefällt oder was sie in Zukunft selbst besser machen wollen, solange bis die Wolle wieder aufgewickelt ist.

GRAPSCHEN

Zwei gleich große Gruppen sitzen sich in zwei Reihen gegenüber. Die Kinder fassen sich hinter dem Rücken an den Händen. Am Anfang und am Ende der Reihen steht ein Stuhl. Auf dem hinteren Stuhl liegt ein Gegenstand, der von den beiden letzten Spielern gut zu ergrapschen ist. Auf dem ersten Stuhl dreht die Erzieherin ein Zweieurostück, erscheint beim Fallen die Zahl, passiert gar nichts, erscheint aber der Kopf, geben die zwei ersten Spieler das Signal durch Händedruck an das nächste Kind weiter.

Dieses Signal läuft so durch die ganze Reihe und das letzte Kind weiß nun, dass es nach dem Gegenstand greifen muss. Das Kind, das den Gegenstand aufgenommen hat, legt ihn wieder auf den Stuhl und darf ganz vorn sitzen. Die anderen Kinder aus der Reihe rücken auf.

Wird der Gegenstand zur falschen Zeit gegriffen, rückt die ganze Reihe wieder um ein Kind zurück. Die Gruppe, in der das erste Kind als erstes wieder ganz vorne sitzt, hat gewonnen.

DRACHEN IN DEN KÄFIG

Jedes Kind malt auf ein DIN-A5-Papier etwas, wovor es Angst hat. Anschließend reißt es das Gespenst, den Drachen, den schreienden Nachbarn … aus und gibt ihn einem anderen Kind.

Dieses Kind klebt das Ungeheuer auf ein Papier und malt eine Umgebung darum, in der das angstmachende Objekt nichts Schlimmes mehr anstellen kann. Anschließend werden alle Bilder aufgehängt. Gemeinsam werden sie dann betrachtet und die Lösungen, die die Kinder gefunden haben, durchgesprochen.

WIE IST FLIEGEN?

Für eine solche Spielreihe ist dieses Spiel ein schöner entspannender Abschluss, der das „Von-der-Gruppe-getragen-Werden" nochmals richtig unterstreicht. Sieben Kinder haben jeweils eine stabile Decke. Ein Kind darf sich auf die Decke legen, drei Kinder stehen auf jeder Seite. Nun wird das Kind mit der Decke hochgehoben und leicht geschaukelt. Es kann, wenn es will, die Augen dabei schließen.

Jedes Kind sollte einmal an der Reihe sein. Wichtig ist, den Kindern vorher deutlich zu machen, dass das Schaukeln schön sein und das Kind auf der Decke keine Angst bekommen soll. Alle Kinder müssen darauf achten, die Decke nicht plötzlich loszulassen. Sollten die Kinder zu aufgedreht sein, verschiebt man das Spiel besser auf einen Zeitpunkt, an dem die Gruppe die dafür notwendige Ruhe hat.

Teil 2

Kinderängste

Kinderängste

Als unsere Tochter Jenny mit sechs Jahren zum ersten Mal allein mit anderen Kindern und Erzieherinnen vom Kindergarten aus für ein Wochenende in die Jugendherberge fuhr, machte sie eine Welle von unterschiedlichen Gefühlen durch. In kurzen Abständen hörten wir: „Ich freue mich drauf, ich bin auch aufgeregt, ein bisschen traurig bin ich auch, weil ihr nicht mitkommt. Und ein bisschen Angst davor habe ich auch", sprach's und verschwand auf der Toilette. Dort brachte sie all ihre Gefühle auf einen Punkt: Sie setzte sich nämlich aufs Klo, machte einen großen Haufen und ihr Kommentar dazu: „Ich habe, glaube ich, doch mehr Schiss, als ich dachte."

Jenny zog fröhlich und guten Mutes los und kam überglücklich und stolz als „Große" zurück. Sie schien uns tatsächlich innerlich und äußerlich gewachsen zu sein.

Wie gut, dass Kinder so nah und klar an ihren Gefühlen sind, die wir oft so schwer zulassen oder zu verstecken versuchen. Jenny setzte sich mit dem auseinander, was auf sie zukommen könnte. Durch ihre „Vorstellung" suchte sie in ihrer Fantasie schon Reaktionsmöglichkeiten künftiger Eventualitäten, eine enorme Leistung für eine Sechsjährige.

Versuchen wir doch einen Rückblick und schauen uns die Entwicklungsstufen von Kleinkindern unter dem Aspekt der „normalen Ängste" an, die ein Kind in den jeweiligen Entwicklungsstadien erlebt. Auch wenn dieses Buch von Drei- bis Siebenjährigen handelt, gehen wir doch weiter in der Entwicklung zurück, weil manche Ängste erst dann verstanden werden können, wenn wir wissen, was vorher war.

Ängste empfinden zu können ist ja grundsätzlich erst einmal etwas Gutes. Sie zeigen dem Kind eine Gefahr von außen an, die sein psychisches wie physisches Gleichgewicht durcheinanderzubringen droht. Die Signale, die das Kind mit seinen Sinnen aufnimmt, werden über den Hypothalamus und das autonome Nervensystem verarbeitet und weitergeleitet, Adrenalin wird ausgeschüttet, was dazu führt, dass das Herz schneller schlägt. Angst macht sich in der Regel am schnellsten durch erhöhten Pulsschlag bemerkbar.

Blutdruck und Zuckergehalt erhöhen sich, die Verdauung wird zunächst gestoppt, den inneren Organen wird so viel Blut wie möglich entzogen und in den Kopf, die Beine und die Arme geschickt. Alles dient dazu, zwei Reaktionen zu beschleunigen: Das Gehirn zu benutzen und zu kämpfen oder davonzurennen. Kampf und Flucht sind Reaktionen, die schon unsere Urahnen kannten.

Wichtig ist, dass das Kind lernt, nicht vor der eigenen Angst zu erschrecken. Die Hilfe, die wir den Kindern als Erwachsene anbieten können, basiert darauf, dass wir verstehen, was das Kind auch aufgrund seiner altersbedingten Entwicklung ängstigt. Oft hat eine bestimmte Angst mit seiner geistigen und gefühlsmäßigen Entwicklung zu tun, und sie verschwindet oder wird überwunden, wenn es diese Entwicklungsstufe durchlaufen hat, so wie ein Spielzeug oder Bilderbuch mit zwei Jahren faszinierend war und ein Vierjähriges nur „langweilt". Oft wundert sich ein Kind selbst, dass es vor einer bestimmten Situation mal Angst gehabt hat.

Ängste werden vom Kind erst als solche erlebt, wenn ein bestimmtes Maß an Ich-Bewusstsein vorhanden ist, wenn es die Bedrohung für das eigene Ich bewusst erlebt. Dann erst hat das Kind auch Möglichkeiten, sich mit den Ängsten zu befassen, und kann Versuche starten, mit ihnen umzugehen. Vorher müssen Erwachsene (oder ältere Geschwister oder Freunde) dem Kleinkind Hilfestellung bei der Angstüberwindung geben.

Angst als Reaktion auf eine Bedrohung der leiblichen Integrität

Schon im Mutterleib erfährt das Kind Angst. Es reagiert unbewusst auf Ängste der Mutter mit erhöhtem Pulsschlag, Strampeln, manchmal mit Passivität (als ob das alte Urprinzip, Kämpfen oder Weglaufen schon dort wirksam wird).

Im Fokus des Kindes steht das leibliche Wohlbefinden, es erlebt Angst als Reaktion auf eine Bedrohung seines leiblichen Wohls. Ganz direkt erfährt es diese Bedrohung bei der Geburt. Und je nach dem, wie es den Eintritt in die Außenwelt und den Empfang dort erlebt, reagiert es mit mehr oder minder lautem Geschrei. Die Fachleute reden hier vom Geburtstrauma. Dass dieser Eintritt nicht unbedingt als grausames angstbesetztes Erlebnis stattfinden muss, haben Vertreter der „sanften Geburt" deutlich gemacht.

In der ersten Zeit nach der Geburt kann bei vielen Kindern eine „normale" Angst beobachtet werden, wenn sie mit lauten Geräuschen wie Staubsauger, Türenknallen, Türklingel o. Ä. konfrontiert werden. Manche Babys sind in der Lage, sich gegen störende Einflüsse von außen abzuschirmen, andere brauchen die Mutter oder andere nahe Bezugspersonen, die störende Reize von ihm fernhalten. Auch plötzliche Veränderungen, z. B. wenn ein größeres Kind oder ein Hund auf den Kinderwagen zugerannt kommt, es auf einmal dunkel (oder hell) wird, sich plötzlich die Temperatur verändert (der berühmte Sprung ins kalte Wasser), können „normale" Ängste auslösen, die durch die Nähe der Mutter und die damit verbundene Sicherheit beruhigt werden können.

Trennungsängste

DAVID?!

Mit ca. acht Monaten tritt die sogenannte Achtmonatsangst oder Trennungsangst auf. Das Kind kann dann (manche schon viel früher) zwischen ihm bekannten und unbekannten Personen unterscheiden. Das Fremde kann bei ihm Angst auslösen, bei manchen allerdings auch große Neugierde, vorausgesetzt, das Kind spürt die Sicherheit und Nähe der Mutter. In dieser Phase spielen fast alle Kinder gerne „Verstecken". Das ausgelassene Lachen, wenn die Mutter hinter dem Tuch wieder auftaucht, lässt schnell die Angst vergessen, die es erlebt hat, als die Mutter außer Sichtweite war. Es scheint so, als ob das Kind denkt, die Mutter sei vollkommen weg, vielleicht für immer, wenn es sie nicht sieht. Je häufiger dieses Spiel gespielt wird, desto gelassener wird seine Reaktion, weil es gelernt hat und fest davon überzeugt ist, dass die Mutter wieder auftauchen wird.

Die magische Phase

Mit ca. einem Jahr, mit dem Laufenlernen und den damit vorhandenen neuen Möglichkeiten, die Welt zu erobern, tritt das Kind in ein anderes Bewusstseinsstadium ein. Es kann Ereignisse und Reaktionen „herbeizaubern": Es drückt auf einen Knopf, da fängt der Mensch im Fernsehen an zu sprechen, es zieht die friedlich schlafende Katze am Schwanz – die springt auf und läuft fauchend weg. Das Kind erlebt ein „Machtgefühl", den Beginn der sogenannten magischen Phase: Ich bestimme, was passiert; ich bin der Mittelpunkt der Welt.

Erlebt das Kind in dieser Phase Ereignisse, auf die es keinen Einfluss hat, kann das von Angst begleitet sein. So kann man Angst vor Dunkelheit, Gewittern, dem Meer oder anderen großen Wasserflächen oder vor starkem Wind beobachten. Der kleine Mensch ist in dieser Zeit stark beeinflussbar vom Verhalten der ihn umgebenen Personen. Zeigt die Mutter z. B. Angst vor einem fremden Hund, reagiert das Kind eher mit Angst, als wenn die Mutter gelassen und ruhig dem fremden Tier gegenübersteht. (Vor eigenen Haustieren hat das Kind in der Regel keine Angst.) Fremde, dem Kind unbekannte Gegenstände werden zur Mutter geschleppt. Reagiert diese darauf zustimmend, wird das Gebrachte meist uninteressant. Es scheint so, als ob die Mutter der Gradmesser dafür ist, ob das Neue ihm Schaden zufügt oder in Ordnung ist.

Verlassenheitsängste

Mit zunehmender Selbstständigkeit kann parallel dazu die Angst vor dem Verlassenwerden auftreten. Mit ca. zwei Jahren ist das Kind so weit, dass es das Bild der Mutter verinnerlicht hat. Ist es über kurze Zeit allein, kann es dieses Fantasiebild hervorrufen, das ihm über diese kurze Periode des Alleinseins hinweghilft. Danach sollte die Mutter erreichbar sein. Jeder hat schon ein Kind auf dem Spielplatz beobachtet, das friedlich allein im Sandkasten spielt, plötzlich scheinbar „unmotiviert" aufsteht, zur Mutter geht, sich mal eben gegen ihre Beine drückt, auf den Schoß will oder kurz gedrückt werden muss, um dann wieder abzuziehen und friedlich weiterzuspielen. Das Kind will in dieser Phase den Zeitpunkt bestimmen, zu dem es die Mutter erreichen kann. Wenn es sie sucht und sie ist nicht da, kann es mit Angst reagieren. Das innere Bild ist noch nicht ausreichend gefestigt, es braucht die reale Präsenz der Mutter für die eigene Sicherheit.

Ähnliches kann man nachts beobachten. Wacht das Kind in dieser Phase in der Nacht auf, kann dieses Gefühl der Verlassenheit, die Angst vor Dunkelheit oder eine Kombination beider Erscheinungen erlebt werden. Oft reichen ein Streicheln oder einige beruhigende Worte aus, und das Kind kann weiterschlafen (die Mutter hoffentlich auch).

Verlustangst bei der Geburt eines Geschwisterkindes

Oft passiert es, dass zwischen dem ersten und dem zweiten Lebensjahr ein Geschwisterkind folgt, das eine neue Form der Angst und Unsicherheit auslösen kann. Das ein- bis zweijährige Kind versucht ja, mit zunehmender Selbstständigkeit nicht nur eigene Grenzen zu erweitern, sondern auch die Eltern und deren Grenzen zu „testen". Das bringt natürlich auch Konflikte mit sich. Kommt nun in dieser Phase das nächste Kind, kann das von dem älteren auch so verstanden werden, dass sich die Eltern das Baby nur „anschaffen", weil sie sein ständiges Neinsagen satt haben, es nicht mehr lieben. Das kann für viele Kinder in dem Alter eine starke Belastungsprobe werden und mit Angst, Wut und Einsamkeitsgefühlen einhergehen. Es kann auch dazu führen, dass sie dann umschwenken und um alles in der Welt wieder „brave und artige" Kinder werden, die die scheinbar verlorene Liebe so wiederzugewinnen hoffen. Gut für das Kind ist dann, wenn andere Bezugspersonen die Angst mildern können und sein Wohlbefinden wieder steigern und festigen helfen. Wenn das Kind in der Lage ist, sich an mehrere Menschen zu binden, macht es sich weniger verletzlich. Wenn die Mutter nicht die Nummer eins ist, verliert es bei ihrer Abwesenheit nicht alles, weil es ja noch die anderen hat.

Die eigene unerklärliche Wut auf das neue Baby (das ihnen ja gar nichts getan hat, es liegt doch nur da rum) kann das ältere Kind sehr beunruhigen, ihm Angst machen. Es kann versuchen, seine „gemeinen und hässlichen" Gefühle dem Baby gegenüber zu besänftigen, indem es besonders lieb und artig ist und sich oft zu sehr nach den Wertvorstellungen der Eltern ausrichtet. Oft sind es die Großeltern oder andere für das Kind in dieser Periode wichtige Bezugspersonen, die ihm in dieser Situation besser helfen können als die eigenen Eltern, indem sie ihm Möglichkeiten geben, das Neue zu studieren (guck mal, wie sich seine Augenlider im Schlaf bewegen, was mag das nur sein; warum mag es jetzt wohl krähen, ob es wohl die Windel nass hat; willst du mal gucken, ob es sein Kuscheltier halten kann u. Ä.). Hat das Kind Gelegenheit, neue Geschwister zu studieren, ihre Verhaltensweisen zu beobachten, wenn es schläft, isst, spielt, dann kann es seine hässlichen Gefühle und die damit verbundene Angst mildern.

Ich erinnere mich, wie der heute dreizehnjährige Fabian mit zwei Jahren mit einem Küchenmesser auf seine vier Monate alte Schwester zuging, um mit ihr „Apfelsinenschälen" zu spielen. Die Mutter konnte mit ruhiger Gelassenheit das „Spiel" umlenken. Hat das ältere Kind in der Phase keine Gelegenheit oder wird es von den Eltern daran gehindert, sich mit dem Baby auseinanderzusetzen, kann es sich leicht ausgeschlossen fühlen und mit aggressiven Gefühlen reagieren.

Wie sich der Vater in der für das kleine Kind mit so vielen Verlusten beschlagenen Situation verhält, ist von großer Bedeutung. Das Kind könnte sich ja als „Trotzreaktion" auf die Mutter, die es ja so schmählich im Stich gelassen hat, von dieser abwenden. Der Vater wird zum Vorbild und kann helfen, die auch mit unbewusstem Hass verbundenen Gefühle der Mutter gegenüber aufzufangen und zu verarbeiten, die Angst zu lindern. Wird er in dieser Phase nicht zum Vorbild, kann sich für das Kind ein Teufelskreislauf entwickeln, der Zeit seines Lebens seine Verhaltensweisen bestimmen kann. Das ältere Kind will die Aufmerksamkeit der Mutter wiedererlangen, und sei es mit für die Mutter lästigen oder „unartigen" Verhaltensweisen, die natürlich zu Strafen führen. Es fühlt sich zu Unrecht bestraft (das Baby wird natürlich nie bestraft), wird noch ungenießbarer. Die Eifersuchtsgefühle und Ängste können sich dann zeitlebens in Situationen, in denen man zurückstecken muss, als Überempfindlichkeit oder Niedergeschlagenheit bemerkbar machen.

Bestrafungsangst in der Trotzphase

Die Angst vor dem Verlassenwerden als „Strafe" kann in der sogenannten Trotzphase, besser „Ichfindungsphase", noch verstärkt auftreten. Das Kind will seinen Willen durchsetzen, sucht und geht eigene Wege. Wenn die Mutter, die Eltern in solch einer Situation dann wirklich weg sind, kann das Kind das auch als Folge seines eigenwilligen Verhaltens verstehen. Ich kann mich noch gut daran erinnern, dass ich mit drei Jahren zum ersten Mal ein Rhönrad sah. Ich konnte mich von dem Anblick der sich drehenden Menschen nicht trennen, obwohl meine Eltern zum Weitergehen drängten. Ich blieb da, so fasziniert war ich. Schließlich gingen meine Eltern und Geschwister weiter, was ich gar nicht wahrnahm (wahrnehmen wollte). Die Panik, die ich erlebt habe, als mir ihre Abwesenheit schließlich bewusst wurde, kann ich bis heute nicht vergessen (zur Beruhigung der Leser: sie warteten an der nächsten Ecke). Dieses Erlebnis und die damit verbundene Angst ist eine meiner frühesten Kindheitserinnerungen.

In dieser Entwicklungsphase hat das Kind besonders nachts Angst. Es wacht häufig auf, kommt aus dem Bett, um sich zu vergewissern, dass die Mutter auch nach den Konflikten, die sie tagsüber miteinander hatten, noch da ist. Es erfährt etwas ganz Wichtiges, das sein „Urvertrauen" bestärkt: Die Eltern sind für mich da, auch wenn ich etwas mache, womit sie nicht einverstanden sind. Das verstärkt den Mut des Kindes, eigene Wege zu gehen.

Angst als Reaktion auf mangelnde Erklärungsmöglichkeiten

Mit zunehmenden Alter wächst auch die Neugierde. Das Funktionieren verschiedener Geräte wird spannend, kann aber neue Ängste auslösen, weil Ursache und Wirkung noch nicht so durchschaubar sind. Das Kind beobachtet faszinierende, gleichwohl auch erschreckende Ereignisse. So kann der Anblick eines Staubsaugers im Kind Panik auslösen, sieht es doch, wie dieser kleine Papierschnipsel, Flusen, kleines Spielzeug verschluckt. Wer weiß, ob dieses Ungeheuer nicht auch kleine Kinder verschluckt?! Oder es beobachtet, wie eine Spinne durch den Abfluss weggespült wird. Dass es selbst ebenfalls durch das (zu) enge Rohr verschwinden könnte, diese Fantasie kann das Kind von der Wirklichkeit noch nicht unterscheiden, weil „Maße" noch keine Bedeutung für es haben. Dazu ist es aus eigenen Kräften erst zwischen dem vierten und fünften Lebensjahr in der Lage. Vorher braucht es den Erwachsenen zum Erkennen von Ursachen und Wirkungen.

Das Kind hat ein sehr menschliches Bedürfnis nach Erklärung des Erlebten, ist aber aufgrund seines geistigen Entwicklungsstandes noch nicht in der Lage, Zusammenhänge zu erkennen. Seine Lösung: Es fantasiert sich Ursachen. Möglicherweise löst das „Machtgefühle" aus (das Kind drückt auf einen Knopf, das Fernlenkauto läuft so, wie es will; es kräht nach Saft, die Mutter erfüllt seinen Wunsch). Das Kind sieht die Ursache in sich selbst. Das kann manchmal auch gefährlich oder bedrohlich für das Kind werden, wenn es glaubt, dass es für Geschehnisse verantwortlich ist, die völlig ohne seine Anwesenheit stattfinden. Es meint beispielsweise, das Kind im Kindergarten, das es nicht leiden kann, sei von der Schaukel gefallen, weil es sich das gewünscht hat. Unter Umständen fühlt sich das Kind dann schuldig, weil es in seiner Wut solch „hässliche" Gedanken hatte. Die „Auswirkungen" seiner geheimen Wünsche sind ängstigend, weil sie nicht verstanden werden.

Angst vor Neuem
oder die Bedeutung des Teddys bei der Angstbewältigung

Im Alter von vier Jahren, häufig mit dem Eintritt in den Kindergarten verbunden, haben viele Kinder das Bewusstsein, dass sie eigenständig sind und unabhängig von der Mutter einige Stunden allein verbringen können. Das Kind weiß inzwischen, dass die Mutter nach einer gewissen Zeit wieder auftaucht. Das innere Bild der Mutter ist gefestigt und hilft, die Trennung zu überbrücken, verbunden mit der immer wiederkehrenden Erfahrung, dass die Mutter wieder da ist (wenn die Glocke läutet, wenn der Zeiger unten ist o. Ä.). Manche Kinder brauchen, um die innere Unruhe (das bisschen Angst), die trotzdem gelegentlich auftaucht, besser auszuhalten, in dieser Zeit ein „Übergangsobjekt". Dies kann der geliebte Teddy, ein Schmusetuch, ein Kuscheltier oder die Lieblingspuppe sein, die das Kind mal eng an sich gedrückt mitschleppt, mal nur schnell im Vorbeigehen sein Näschen dran drückt oder die einfach „nur da sein muss", um ihm die nötige Sicherheit zu vermitteln. Gefunden wurde das Übergangsobjekt schon viel früher, oft schon vor Vollendung des ersten Lebensjahres. Es tritt dann in seiner Bedeutung zunächst zurück, weil so viele andere Dinge interessant werden, sobald das Kind laufen kann, und wird erneut „zur Hilfe" genommen, wenn Trennungen anstehen, wie eben beim Eintritt in den Kindergarten, später in die Schule oder z. B. bei einem Krankenhausaufenthalt (jedenfalls, wenn es in die „Fremde" geht).

Eltern, die ihr Kind auf dem Weg zur Selbstständigkeit unterstützt haben und es ermutigten, eigene Wege mit anderen Kindern auszuprobieren, können in dieser Zeit häufiger beobachten, dass das Neugierverhalten den neuen anderen Kindern gegenüber die Ängste vor dem Neuen überwiegt. Es ist in der Regel sehr schnell zum Beginn einer Freundschaft bereit und zu einer Bindung fähig. Kinder, deren Eltern zu beschützend sind oder zu schnell in das Spiel ihres Kindes mit anderen eingreifen, stehen dem Neuen häufig mit großer Zurückhaltung und Ängsten gegenüber.

Durch vielfältige Erfahrungen von Sicherheit im Umgang mit der Umwelt wächst beim Kind das innere Selbstwertgefühl, das ihm hilft, der Angst vor Neuem mutig ins Auge zu blicken. Durch das Ausprobieren neuer Erfahrungen mit anderen Kindern gewinnt das Kind auch einen „inneren Raum" und ist so in der Lage, den anderen Kindern mehr Platz zu lassen, sie zu akzeptieren in ihrem Anderssein.

Beschämungsangst

Das Kind hat ein inneres Bild von sich selbst entwickelt, das es mit den anderen vergleicht. Und je nachdem, wie sein Selbstwertgefühl entwickelt ist, kann es auch die anderen anerkennen. Mit ca. fünf Jahren ist die Angst vor der „Beurteilung" durch andere schon mehr oder minder ausgeprägt. Hat das Kind in seinem bisherigen kurzen Leben die Erfahrung gemacht, als „Person" anerkannt zu sein, ist es unabhängiger und weniger geprägt von dieser Angst. „Was kann ich gut?", „Was denken die anderen von mir?", „Warum mache ich das gerade?" – ein fast analytisches Bedürfnis nach Verständnis der eigenen Motivation ist häufig in dieser Periode zu beobachten. Die Angst, nicht anerkannt zu sein, sich verändern zu müssen, um in das Bild, das andere von einem haben, zu passen, ist verstärkt zwischen dem fünften und sechsten Lebensjahr zu beobachten und damit die Angst vor einer einseitigen Beurteilung, meistens vonseiten der Erwachsenen, gegen die sich das Kind mit Recht wehrt. Wenn „Große" das Kind spüren lassen, dass es „noch klein ist", und seine Handlungfähigkeit infrage stellen, fühlt es sich beschämt und in seinem Selbstwertgefühl verletzt. Nicht umsonst ist das Rollenspiel gerade in dieser Zeit von ungeheurer Wichtigkeit. Das Kind schlüpft einerseits in verschiedene Rollen, um sich in seiner Vielfältigkeit zu erfahren, zum Teil auch, um einer Festlegung durch andere Personen entgegenwirken zu können.

Angst vor den eigenen negativen Gefühlen

Andererseits setzt es sich dabei auch mit seinen eigenen vielfältigen Gefühlen auseinander. Nicht jeder „Charakterzug" wird ja anerkannt. Das Kind kann sich so in einer fremden Rolle auch mit seinen „negativen" Seiten auseinandersetzen. Spielt es den Räuber, kann es sein eigenes Gierverhalten besser akzeptieren und integrieren, indem es erst einmal „abgespalten", außerhalb seiner selbst gespielt wird (ich tu ja nur so als ob). Das Kind braucht in dieser Phase die absolute Trennung von Gut und Böse. In dieser Periode sind ja auch Märchen von großer Bedeutung, erfährt es dort doch genau dieses klassische Schema von Schwarz und Weiß. Das Kind ist in diesem Alter noch nicht in der Lage, widersprüchliche Anteile als Teile seiner selbst zu erkennen. Kann es sie aber in aller Ruhe (soweit man von Ruhe reden kann, wenn im Märchen gerade die böse Hexe auftaucht) und in ihrer tausendsten Wiederholung erleben, integriert es langsam all diese Eigenschaften und ist später in der Lage, sie als zu sich gehörend zu akzeptieren. Das „Böse" löst dann keine Angst mehr aus, weil das Kind die wiederholte Erfahrung gemacht hat, dass das Gute doch letzten Endes siegt.

Das Böse löst ja nicht nur Angst aus („Ich muss immer lieb und brav sein, sonst werde ich von den Großen nicht geliebt!"), es hat für die Kinder auch eine Faszination, mal der Stärkere, Mächtigere sein zu können. Kinder, die dazu neigen, diese „negativen" Eigenschaften zu verdrängen oder zu verleugnen, das Bestreben haben, immer lieb und brav zu sein, um sich der Anerkennung der Erwachsenen sicher zu sein (manchmal leider bis zur Verleugnung der eigenen Person), sind schnell in der Gefahr, in die Rolle des „Angsthasen" zu schlüpfen, der sich alles gefallen lässt. Das finden die anderen Kinder natürlich schnell heraus. Es wird ein „dankbares" Opfer ihrer Aggression. Probiert sich dieses ängstliche Kind im Rollenspiel, wird mal zum Supermann, mal zum Banditen oder zur Gretel, die sich gegen die böse Hexe wehrt, erfährt es im Spiel, dass es sich wehren kann, dass es nicht immer als Opfer herhalten muss. Ein Kind, das nicht die Gelegenheit hat, seine „negativen" Gefühle zu verarbeiten, kann Schwierigkeiten mit seinen verdrängten aggressiven Gefühlen entwickeln. Es ist einfacher für das Kind, das außerhalb seiner eigenen Person in der Rolle des Banditen o. Ä. zu erleben. Durch das Ausprobieren der verschiedenen Rollen und durch das Erleben der damit verbundenen Reaktionen der anderen Mitspieler ist das Kind in der Lage, gegen das Falsche oder Böse eine Meinung zu bilden.

Angst vor Verletzungen

Mit ca. vier Jahren fängt das Kind auch an, über sich und seine Herkunft nachzudenken, und damit verbunden wächst auch sein Körperbewusstsein. Sein Körper in seiner Ganzheit beziehungsweise seine Verletzbarkeit wird ihm äußerst bewusst. Während es mit zwei Jahren noch große Waghalsigkeit und ein grenzenloses (Ur-) Vertrauen hat, dass seine Eltern oder Schutzengel schon aufpassen werden, dass ihm nichts passiert, wenn es die höchsten und gefährlichsten Kletterpartien hinter sich bringt, setzt beim Vierjährigen eine andere Einschätzung seiner selbst und der Gefahren, die ihm drohen (könnten), ein. Es kann vorausdenken: „Wenn ich jetzt nicht richtig greife, falle ich runter und breche mir den Knochen." Es reagiert mit Angst vor Verletzungen, meidet Aktivitäten eher, wenn sie Verletzungen einbringen könnten.

 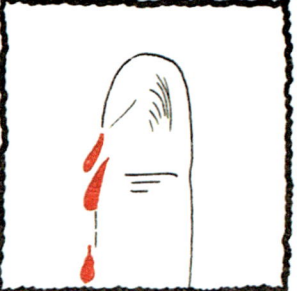 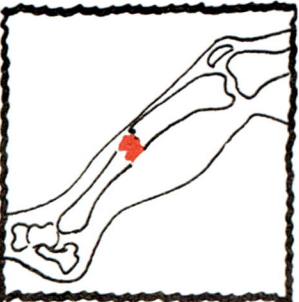

Damit einhergehend ist häufig auch eine plötzliche Angst vor dem Haareschneiden und vor dem Arzt, besonders dem Zahnarzt, zu beobachten. Die Kinder sind sich ihres Körpers bewusst und die Angst, Körperteile zu verlieren, und seien es nur ein paar Haare oder ein Zahn, prägt ihr Verhalten. Besonders Jungen gehen in diesem Alter besonders behutsam mit sich und ihrem „Geschlecht" um, Psychoanalytiker reden von der „Kastrationsangst". Diese ist so zu verstehen, dass der kleine Junge, der die Beobachtung gemacht hat, dass den Mädchen (und der Mutter) das fehlt, was er (wie auch der Vater) hat, nämlich ein Penis, Ängste entwickelt, dieses „wertvolle Körperteil" könnte ihm verloren gehen.

Angst vor Fremden

Trifft ein Kind auf eine ihm völlig fremde Situation, braucht es selbst mit vier Jahren noch die schützende Nähe der Mutter oder des Vaters, an die es sich notfalls klammern kann, während es die fremde Situation, die fremden Menschen abschätzt. So gesichert, kann es sich bald vorwagen und die „neue Welt" erobern, nicht ohne alle halbe Stunde (oder eher) wieder zu erscheinen, um sicherzugehen, dass die Eltern noch da sind.

Kommen fremde Menschen zu Besuch, reagieren die meisten mit Neugierde, weil sie ja „Heimvorteil" haben. Manche brauchen auch hier die Nähe einer wichtigen Bezugsperson. Es braucht aber nicht unbedingt eine Person zu sein, die ihnen die nötige Sicherheit vermittelt, manchmal genügt ein sicheres Versteck zwischen Schrank und Stuhl, aus dem heraus die Fremden beobachtet werden, bis sie bereit sind, mit dem Besuch Kontakt aufzunehmen.

Angst und Fantasie

In dem Alter zwischen vier und fünf Jahren weiß das Kind schon um viele Gesetzmäßigkeiten. Es kann viele Erlebnisse mit bekannten Erfahrungen und Erklärungen in Verbindung bringen. Jetzt hat es auch an Fantasiegeschichten Spaß, kann über Zauberer staunen. Denn das Erstaunen setzt dann ein, wenn bekannte eigene Erklärungen nicht mehr passen.

In dem Zusammenhang kann man beobachten, dass viele Kinder auf Fernsehsendungen mit Angst reagieren. Mit weit aufgerissenen Augen, herunterhängenden Mundwinkeln, angespannten Muskeln sitzen sie da. Im Fernsehen wechseln Nachrichten über tatsächlich passierte Grausamkeiten und erfundene Geschichten ab. Kinder können noch nicht unterscheiden, was Wirklichkeit und was „nur erfunden" ist, sehen sie doch am Beispiel der Erwachsenen, dass diese scheinbar alles glauben. Je jünger die Kinder sind, desto gefährdeter sind sie, Fantasie und Wirklichkeit in einen Sack zu packen, was natürlich Futter für ihre diffusen Ängste ist. Sie sind aufgrund ihrer intellektuellen Entwicklung auch nicht in der Lage, sich zu beruhigen, wenn sie den Unterschied erkennen (aber welches Kind ist das schon, wenn ein Film derart spannend ist; da wird nur mit dem Gefühl reagiert, das kennen wir als Erwachsene noch zu gut). Je häufiger kleine Kinder fernsehen, desto ängstlicher werden sie meist.

Kasperletheater, klassische Puppenspiele, gute Kinderfilme können dabei helfen zu lernen, solche spannunsgeladenen Situationen auszuhalten. Oft kann man beobachten, dass sich gerade kleinere Kinder im Dunkel des Theaters an die große Schwester oder den großen Freund klammern, wenn ihr Held in Gefahr ist. Und kurz darauf löst sich der Konflikt in klassischer Weise: Der unschuldige Held wird befreit, die Bösen werden bestraft. Das befreite Lachen zeigt die Tiefe der vorherigen Ängste, die Erleichterung bricht heftig hervor. Kinder brauchen in diesem Alter das beruhigende Gefühl, dass das Gute siegt.

Angst, verstoßen zu werden

Ebenfalls zwischen dem vierten und fünften Lebensjahr ist eine Angst zu bemerken, die man als Angst, nicht mehr nach Hause zu finden, oder Angst, ausgestoßen zu werden, beschreiben kann. Kinder in dieser „ödipalen Phase" reagieren oft mit einem schlechten Gewissen dem gleichgeschlechtlichen Elternteil gegenüber. In dieser Periode ist das Mädchen von dem meist unbewussten Wunsch erfüllt, den Vater zu „heiraten" (d. h. ganz für sich zu haben), beim Jungen bezieht sich der Wunsch auf die Mutter. Das ist aber nur möglich, wenn der eigentliche Partner des Wunschpartners verschwindet. Das kann nicht ohne schlechte Gefühle dem gleichgeschlechtlichen Elternteil gegenüber vonstatten gehen. Da dessen Stärke aber schon häufig erlebt wurde, stellt sich das kleine Kind natürlich vor, dass das nicht so akzeptiert wird und fürchterliche Rache an ihm genommen wird. Viele Märchen erzählen genau von dieser Angst des Kindes. Hänsel und Gretel ist nur ein Beispiel dafür. Durch das Hören und Spielen von Märchen sind die Kinder in der Lage, sich mit diesen Fantasien (der Mutter als böser Hexe und den eigenen hexenhaften Anteilen) zu beschäftigen und sie zu bearbeiten.

Wenn die Kinder in dieser Periode tatsächlich mal verloren gehen, was fast jeder Familie schon einmal passiert ist, kann das Kind schnell in Panik geraten. Da die intellektuellen Fähigkeiten schon recht gut entwickelt sind, können mit den Kindern kleine Spiele gemacht werden, die ihnen eine kleine „intellektuelle Sicherheit" geben können, indem vorausschauendes Handeln geübt wird: Führst du mich mal nach Hause?! Wenn du jetzt allein wärst, wüsstest du, in welche Richtung du jetzt weitergehen müsstest? Wir haben es selbst mit unserer sechsjährigen Tochter erlebt, als wir einen Fahrradausflug zu einem großen Park unternahmen. Jenny fuhr fröhlich vorweg, war richtig guter Dinge, Esther, unsere Vierjährige, blieb neben mir. Plötzlich stürzte Esther. Ich half ihr auf, und als ich dann nach Jenny Ausschau hielt, war sie verschwunden. Das Absuchen sämtlicher Spielplätze im Park war ergebnislos. Als wir nach Hause kamen, saß unsere Große dort. Sie hatte tatsächlich allein nach Hause gefunden, durch diesen Riesenpark, über drei gefährliche Kreuzungen hinweg, mit Tränen in den Augen. Zu Hause saß der Papa und arbeitete. Sie hat vor Erleichterung erst einmal Rotz und Wasser in sein Hemd geheult. Ich war so erleichtert und dankbar wie noch nie in meinem Leben. Ich war so glücklich, dass sie nicht den „Kopf verloren" und mit Panik reagiert hat, sondern mit Verstand und Ruhe eine Lösung für sich gefunden hat – trotz der „Angst im Bauch".

Angst vor Entführung

Zwischen dem fünften und sechsten Lebensjahr sind sich die Kinder sehr bewusst über ihre eigene Verletzlichkeit, ihre eigenen Grenzen. In dem Alter haben die Kinder oft eine ausgeprägte Angst davor, entführt, verletzt, ermordet zu werden. Sie werden sich mit Schrecken klar, dass mit der eigenen zunehmenden Selbstständigkeit die Eltern nicht mehr immer da sein können, um sie zu schützen, sei es vor dem Hinfallen oder vor fremden Menschen, die sie auf der Straße ansprechen und mitnehmen und ihnen etwas antun könnten. Auch wissen sie, dass sie mit ihren Kräften nicht oder nur selten gegen die Kraft der Erwachsenen ankommen. Das damit einhergehende Ohnmachtsgefühl lähmt und macht Angst.

Kinder sind sehr empfindsam, sie spüren und erahnen die Empfindungen der Eltern. Gerade in solch heiklen Situationen wissen sich viele Eltern nicht zu helfen. Die berechtigte Angst, dass ihrem Kind etwas zustoßen könnte, ist eine Reaktion auf die täglichen, leider realen Meldungen in den Medien. Die Rat- und Hilflosigkeit der Eltern spüren die Kinder und reagieren oft mit ausgeprägter Angst darauf.

Da Kinder in dem Alter schon gut in der Lage sind, vorausschauend zu denken, können Rollen- und Planspiele helfen, ihre berechtigten Ängste etwas zu mindern. Durch ganz unterschiedliche Planspiele bekommt das Kind nicht nur einen Einblick in verschiedene „Menschentypen", sondern kann auch versuchen, die unterschiedlichen „Gefährlichkeitsgrade" der jeweiligen Situation einzuschätzen. Die Kinder haben dann ein breiteres Reaktionrepertoire zur Verfügung und stehen dem Erwachsenen nicht ganz hilflos gegenüber.

Es ist aber ein ganz heikles Gebiet: Einerseits möchte man den Kindern das gute Menschenbild erhalten, andererseits vor den

Gefahren warnen. Einerseits soll das Kind nicht allen trauen, anderer seits aber auch nicht jedem misstrauen müssen. Viele Eltern gehen einen Schritt nach vorn und melden ihre Kinder in einem Selbstverteidigungkurs an, andere kaufen Punchingbälle, um eine schnelle Reaktion zu trainieren. Wieder andere kämpfen mit ihren Kindern nach „Katzenmuttervorbild", um sie spielerisch auf Ernstsituationen vorzubereiten und den Kindern das Gefühl von eigener Stärke zu vermitteln. Andere raten zum Wegrennen, zur defensiven Reaktion, damit der andere nicht gereizt und eine aggressive Reaktion verhindert wird. Es gibt einige Möglichkeiten, dem Kind zu helfen, in einer bedrohlichen Situation nicht ausgeliefert zu sein.

Diese Angst kann das Kind bis weit in den Schulbeginn „begleiten". Oft haben Kinder in dieser Zeit Albträume. Die wichtigste Erfahrung für das Kind ist wohl, dass es in seiner Angst nicht allein ist, dass es mit vollem Vertrauen zu den Eltern kommen kann und spürt, wie diese es ernst nehmen, nicht nur mit seinen Ängsten. Wenn es tatsächlich auf der Straße angesprochen wird, ist für das Kind wichtig, dass ihm die Eltern glauben und aktiv für das Kind einstehen.

Unterschiedliche Reaktionen auf Angst

Zusammenfassend kann gesagt werden: Die Reaktionsweisen auf angstmachende Situationen sind bei jedem Kind unterschiedlich. Emotional labile Kinder lassen sich schneller von ihrer Angst beherrschen. Ein Kind, das „analytisch" denken kann, versucht eher, eine angstmachende Situation zu verstehen, und wird nicht so schnell von seinen Gefühlen überrollt. Der ausgeprägtere Realitätssinn hilft ihm, Missverständnisse, aus denen angstmachende Gefühle entstehen können, zu begreifen.

Kinder mit lebendiger Fantasie schaffen sich in ihrer Einbildung leicht ein angsteinjagendes Ungeheuer. Solche „eingebildeten" Ängste beunruhigen es mehr und eher als Kinder mit ausgeprägterem Realitätssinn. Je besser das Kind in der Lage ist, sein Gefühlsleben zu begreifen, desto leichter fällt es ihm, seine Angst zu mindern. Je mehr Selbstvertrauen ein Kind hat, desto sicherer wird es im Umgang mit der Angst. Es lernt aus den gemachten Erfahrungen, die es im Umgang mit seiner berechtigten Angst macht: Lass ich mich von der Angst beherrschen, werde ich ihr auch in der nächsten Situation erliegen. Schaue ich der Angst „mutig ins Auge", ist sie vielfach überwindbar.

Das Kind lernt im Laufe seiner Entwicklung, zwischen den unterschiedlichen Ängsten zu unterscheiden:

Reale Ängste nützen mir dabei, Gefahren, die außen drohen, zu vermeiden bzw. schmerzhafte Erfahrungen nicht zu wiederholen (einmal verbrannt, passt es beim nächsten Mal auf).

Ängste, die aus dem Inneren kommen sind für das Kind schwerer zu erkennen. Besonders aggressive Gefühle können Kindern Angst machen, wenn sie nicht Beistand bekommen und lernen, dass diese Gefühle beherrschbar sind. Sie brauchen Erwachsene, die helfen, „Grenzen" zu setzen.

Moralische Ängste empfindet das Kind, wenn es das Gefühl hat, den „Normen der Umgebung" und denen des eigenen Gewissens nicht standhalten zu können. Erwachsene können dem Kind helfen, indem sie weniger strenge Forderungen an das Kind stellen und ihm vermitteln, dass es der Liebe der Eltern sicher sein kann, auch wenn es sich nicht so benimmt, wie sie es erwarten.

Angst als Möglichkeit, vorausschauend zu denken

Viele Erwachsene meinen es ja nur gut mit dem Kind, wenn sie es beruhigen wollen („du brauchst doch keine Angst zu haben"), versuchen, ihm die Angst auszureden. Kinder brauchen aber die Möglichkeit der „Vorbereitungsangst". Wenn sie im Voraus wissen, was ihnen bevorsteht, können sie die Angst in kleinen Schritten zulassen, sich damit auseinandersetzen, was an Ungeheuerlichem oder Angstmachendem auf sie zukommen könnte. Das Kind kann sich Selbstschutzstrategien überlegen, sodass es sicherer dem Ungewohnten gegenübertreten kann. Wird ihm die Angst aber ausgeredet, kann das Kind sie so stark verdrängen, dass es sie nicht mehr empfindet, selbst wenn sie berechtigt ist. Es fühlt sich dann in einer entsprechenden Situation stark, aber oft kehrt die Angst in nächtlichen Albträumen wieder.

Wie wir sehen, gehen die Kinder in jeder Entwicklungsperiode durch eine Anzahl verschiedenster Ängste. Zum Glück treten nicht alle auf einmal auf, sodass das Kind Möglichkeiten entwickeln kann, mit ihnen fertig zu werden. Wie anfangs gesagt, wächst das Kind aus einigen Ängsten heraus, so wie ein Spielzeug nur für eine bestimmte Periode interessant ist, und es kann sich später nur wundern über seine früheren Ängste. Das Gute daran ist, dass ihm die gemachten Erfahrungen genug Stärke und Selbstvertrauen vermitteln, um neuen Ängsten ins Auge zu sehen. Wichtig ist, dass das Kind Verständnis spürt, wenn es seine Ängste äußert, mögen sie für den Erwachsenen noch so unwichtig oder unbegründet sein. In kleinen Schritten geht das Kind voran, die Angst zu bewältigen, und manchmal braucht es ein „Fingerchen", an dem es sich festhalten kann. Reichen wir es ihm.

M. H.

Teil 3

Wer fürchtet sich vorm schwarzen Mann?

Mitmachgeschichte

WER FÜRCHTET SICH …?

Zum Einstieg in dieses Kapitel bieten wir Ihnen eine Mitmachgeschichte für Kinder an. Sie lesen vor, die Kinder spielen bestimmte Abschnitte nach Ihren Anweisungen mit. Diese Abschnitte sind im Text eingerückt und farbig gedruckt.

Es war einmal ein schwarzer Mann. Der hatte irgendwo gehört, dass sich Menschen vor ihm fürchten. Das konnte er gar nicht verstehen. Es war vielmehr so, dass er sich ganz schrecklich vor allem fürchtete. Einmal sollte er in den Keller gehen und ein paar Flaschen hochholen. Doch er fürchtete sich sehr vor dem dunklen Keller.

> Die Kinder schlottern und bibbern vor Angst.

Als er die Kellertür öffnete, war ihm unheimlich zumute. Aber dann fand er rechts an der Wand den Lichtschalter. Er schaltete das Licht an …

> Die Kinder machen die Bewegung des Anschaltens.

… und plötzlich war alles hell, er hatte keine Angst mehr.

Einmal reiste der Mann in ein fremdes Land. Er bestieg ein Flugzeug und setzte sich auf seinen Sessel. Eine freundliche Stimme forderte ihn auf, sich anzuschnallen. Das tat er.

> Die Kinder machen die Bewegung des Anschnallens.

Nun fühlte er sich etwas sicherer. Aber dann dröhnten die Motoren, und das Flugzeug setzte sich langsam in Bewegung. Als es startete, bekam er wieder große Angst. Aber da legte sein Nachbar die Hand beruhigend auf seine Hand, und die Angst war nicht mehr so schlimm.

> Die Kinder lehnen sich zurück, schauen nach oben und legen eine Hand auf die des Nachbarn.

In der Luft fühlte sich der schwarze Mann sehr wohl. Nur bei der Landung des Flugzeuges bekam er wieder Angst. Doch der Mann neben ihm klopfte ihm auf die Schulter und sagte: „Es passiert schon nichts!"

Die Kinder klopfen sich auf die Schulter und sprechen den Satz.

Die Landung ging gut, der Mann stieg aus.

Der schwarze Mann ging in ein Haus, in dem viele Menschen waren. Er kannte keinen von ihnen. Da bekam er wieder Angst und ging mit hochgezogenen Schultern durch die Räume.

Die Kinder gehen angstvoll durch den Raum.

Doch da kam jemand, schüttelte ihm die Hand und sprach mit ihm. Schon fühlte sich der Mann besser.

Die Kinder schütteln sich die Hände und sprechen miteinander.

Am Abend schlief der Mann in einem Hotel in einem großen Bett. Er fühlte sich sehr allein und hatte wohl auch ein wenig Angst. Deshalb verschloss er erst mal die Tür.

Die Kinder machen die Bewegung des Schlüsselumdrehens.

Dann holte er aus seinem Koffer ein Schmusetier, legte sich ins Bett und drückte es fest an sich. Bald schlief er beruhigt ein.

Die Kinder spielen die Szene nach.

Und damit ist die kleine Geschichte vom schwarzen Mann zu Ende. Ihr seht, große Leute haben genauso viel Angst wie kleine. Wenn dann jemand kommt und hilft oder tröstet, ist es gleich nicht mehr so schlimm.

Auch kleine Leute haben´s schwer

Meine Angst

Text: J. Fliege
Melodie: C. Lehmann

Meine Angst ist wie ein rotes Licht. sie sagt:

halt, wach auf und schlafe nicht, du kannst doch die Augen nicht

schließen wenn Menschen auf Men-schen schießen Ich

bleibe nicht stumm, ich bleibe stehn, und ich

trage warum, und ich frage für wen, jetzt will ich die Großen

tragen, wa-rum sie das alles er-tra-gen.

2. Meine Angst ist wie ein rotes Licht, / sie sagt: halt, wach auf und schlafe nicht, / du kannst doch den Kopf nicht abwenden, / wenn Vögel und Fische verenden.
Ich bleibe nicht stumm …

3. Meine Angst ist wie ein rotes Licht, / sie sagt: halt, wach auf und schlafe nicht, / du kannst doch die Luft nicht gebrauchen, / wenn 10 000 Schornsteine rauchen.
Ich bleibe nicht stumm …

4. Meine Angst ist wie ein rotes Licht, / sie sagt: halt, wach auf und schlafe nicht, / du kannst dich doch nicht einfach fügen / wenn Menschen einander betrügen.
Ich bleibe nicht stumm …

Loslösen ist
nicht einfach

Schaut man sich die Spiele an, die von Generation zu Generation weitergegeben werden und in bestimmtem Alter von Kindern bevorzugt werden, so fallen einem bei den Vier- bis Siebenjährigen Spiele ein und auf wie „Plumpsack", „Wer fürchtet sich vorm schwarzen Mann?", „Der Hai kommt", „Katz und Maus", die alle ähnliche Spielmechanismen aufweisen.

Stellvertretend für die anderen möchte ich „Wer fürchtet sich vorm schwarzen Mann?" etwas ausführlicher beschreiben:

Der schwarze Mann

Ein „schwarzer Mann" steht allein am Spielfeldrand; ihm gegenüber, am äußersten Ende des Spielfeldes, halten sich alle anderen Kinder auf. Der „schwarze Mann" ruft: „Wer fürchtet sich vorm schwarzen Mann?" Die Kinder antworten: „Niemand!" Der „schwarze Mann" fragt: „Und wenn er kommt?" Die Kinder rufen lauter: „Dann kommt er!" Der „schwarze Mann" ruft drohend zurück: „Und wenn er fängt?" Die Kinder schreien zurück: „Dann laufen wir!" und rennen dem „schwarzen Mann" davon. Sie versuchen, auf die andere Seite zu gelangen, müssen ihm dabei zwangsläufig entgegenlaufen. Der „schwarze Mann" rennt auf sie zu, versucht dabei, so viele Kinder wie möglich zu fangen. Diese gefangenen Kinder werden dadurch ebenfalls zu „schwarzen Männern". Das Spiel beginnt von Neuem und wird solange gespielt, bis nur noch ein Kind übrig bleibt, das dann der „schwarze Mann" wird.

Gestaltungsnot der Kinder

Hinter dieser Art von Spielen steht eine Gestaltungsnot der Kinder, sich mit angstmachenden Elementen auseinanderzusetzen. Solche Spiele passen zu der typischen emotionalen Verfassung der

Kinder dieser Altersstufe. Mit drei Jahren erlebt das Kind eine große Ablösung vom Elternhaus, wenn es in den Kindergarten oder ähnliche Einrichtungen kommt. Für viele Kinder ist das die erste große Trennung von der Mutter. Vom Kind aus gesehen ist es hier, getrennt von der Mutter, Vernichtungsmächten ausgesetzt. So liebevoll die Betreuer und Erzieher sein mögen, fern von der beschützenden Mutter wird bei den Kindern auch diese Vernichtungsfantasie wach. Nicht umsonst spricht man auch vom „Märchenalter", in dem sich die Kinder auf der Ebene der Fantasie mit dieser Vorstellung auseinandersetzen: „Die verstehen mich nicht, die wollen mir was, die tun nur so freundlich, in Wirklichkeit muss ich sie nur kitzeln, provozieren und dann zeigen sie ihre wahre Hexengestalt."

Kehren wir nun zurück zum Spiel, so erkennen wir, was die Kinder machen: Sie provozieren beständig, spielen mit diesem kribbeligen Gefühl im Bauch und halten die damit verbundene Spannung und auch die Angst aus.

Der Gejagte wird zum Jäger

Und jetzt passiert das eigentlich Spannende: Werden sie gefangen, vollzieht sich die Wandlung. Das Kind wird selbst zum Aggressor, zu „schwarzem Mann, Hexe, Hai"! Im Spiel setzt es sich damit auseinander, indem es selbst in die angstmachende Rolle schlüpft, zum Mächtigen wird. Dieser Wechsel vom Gejagten zum Jäger, erneut zum Gejagten, dann wieder zum Jäger ist es, der dem Kind hilft, vom passiven Ausgeliefertsein in die aktive, zupackende Rolle zu gelangen.

Durch das Hineinschlüpfen in diese Rollen, das Ausprobieren der angstmachenden Position macht das Kind einen entscheidenden Schritt in seiner Entwicklung. Indem es wagt, sich den „Tat"sachen zu stellen und die damit verbundenen unguten Gefühle auszuhalten, kann es zunächst unbewusst, später bewusst erkennen, was ihm Angst macht.

Erkennen, was Angst macht

Das Erkennen der gruseligen Situation hilft zu unterscheiden, was mehr und was weniger ängstigend ist. Das Begreifen der Dinge hilft beim Zuordnen und somit, die Angst zumindest auszuhalten, meistens jedoch sie aktiv anzugehen und zu überwinden.

Ängste
überwinden lernen

Im Folgenden werden nun weitere Spiele beschrieben, bei denen es um die zuvor angesprochenen Gefühle geht.

PLUMPSACK

Die Kinder halten sich an den Händen, bilden einen geschlossenen Kreis. Außen herum geht ein Kind mit dem Plumpsack (einem Tuch oder kleinen Sack, früher einer Holzkeule). Es versucht, hinter einem der Kinder unbemerkt seinen Plumpsack abzuwerfen. Die Kinder singen dazu: „Plump, plump, plump, der Plumpsack geht herum, wer sich umdreht oder lacht, der kriegt den Buckel vollgemacht!" Gelingt es, den Sack hinter einem Kind abzuwerfen und danach noch eine volle Runde um alle Kinder herumzulaufen, wird dem „Schläfer" der Buckel vollgemacht.

Ahnt aber derjenige, hinter dem das Tuch abgelegt ist, seine Situation und entdeckt das Tuch, schnappt es sich dieses und rennt hinter dem Abwerfer her. Der Jäger wird damit zum Gejagten. Schafft es der Gejagte, in die Lücke zu schlüpfen, wo das andere Kind zuvor stand, so wird dieses nun zum neuen Plumpsackwerfer und das Spiel beginnt von vorn. Gelingt es dem nun Verfolgten nicht, die Lücke zu erreichen, muss dieses Kind in die Mitte und wird von allen anderen Kindern ausgelacht.

KATZ UND MAUS

Die Katze sitzt vor dem Mauseloch und reibt sich die Schnauze vor Verlangen nach einem Mäusebraten. Im Mauseloch sitzen die Mäuse. Es entwickelt sich ein eingespielter Dialog zwischen ihnen (**K** = Katze, **M** = Maus).

K: Ist's Mäuschen zu Haus?
M: Mäuschen steht gerade auf!
K: Ist's Mäuschen zu Haus?
M: Mäuschen wäscht sich gerade!
K: Ist's Mäuschen zu Haus?
M: Mäuschen zieht sich gerade an!
K: Ist's Mäuschen zu Haus?
M: Mäuschen frühstückt gerade!
K: Ist's Mäuschen zu Haus?
M: Mäuschen rennt gerade zur Tür hinaus!

Mit diesen Worten flitzen die Mäuse aus dem Mauseloch, die Katze hinterher. Sie versucht, so viele Mäuse wie möglich zu fangen. Die gefangenen Mäuse werden zu Katzen. Das Spiel geht so lange, bis alle Mäuse gefangen sind. Dann wird eine neue Katze bestimmt und das Spiel beginnt wieder von vorn.

DER HAI KOMMT

Die Kinder teilen sich in vier Gruppen auf. Jede Gruppe sucht sich in einer Ecke des Raumes ihre Höhle. Die erste Gruppe wird zu Heringen, die zweite zu Seezungen, die dritte zu Makrelen, die vierte zu Sardinen. Ein Kind wird zum Hai bestimmt.

Die Fische schwimmen alle im weiten Meer umher, indem sie sich kreuz und quer durch dem Raum bewegen. Beim Ruf „Der Hai kommt!" versuchen alle, blitzschnell wieder in ihre Höhle zu gelangen. Das Kind, das gefangen wird, verwandelt sich entweder zum Hai oder zum Hai, der mitfängt. Es kann auch gefressen werden und scheidet dadurch aus, wobei dann das Kind, das übrig bleibt, zum Hai wird und das Spiel von vorn beginnt.

Bauchkribbeln und Spaß – Bei den eben genannten Spielen ging es vorrangig um Ängste und Fantasien, die typisch und normal sind für diese spezielle Altersstufe. Ängste entwickeln sich aber auch, wenn etwas nicht einzuordnen ist. Erlebt man eigentlich sehr harmlose alltägliche Gegenstände in einer fremden Situation und wird dabei auch noch die visuelle Wahrnehmung ausgeschaltet, werden Fantasien wach, die Bauchkribbeln, Abwehr, Ekel, aber auch sensuellen Spaß auslösen können. Bei den folgenden Spielen können sich die Kinder mit solchen Gefühlen auseinandersetzen, und die Erzieher können den Kindern dabei helfen, indem sie die Situationen bewusst mehr oder weniger gruselig gestalten.

FÜSSELN

Plastikcontainer oder Eimer werden mit verschiedenen Materialien gefüllt wie z. B. Wasser, Sand, Wolle, Tannenzapfen, trockene oder feuchte Blätter, Eiswürfel, Fell, Schlamm, nasse Kieselsteine, Kleister etc.

Barfuß und mit verbundenen Augen werden die Kinder einzeln zu den Containern geführt. Sie können entscheiden, ob sie allein durch die verschiedenen Behälter gehen wollen oder die Hand (und damit die Sicherheit) eines Erwachsenen brauchen.

Wichtig ist, dass die Kinder Ruhe dabei haben, um sich der entstehenden Gefühle bewusst werden zu können. Die wartenden Kinder werden durch die Ah- oder Ih-Rufe schon in Erregung sein. Haben alle Kinder die Erfahrung gemacht, können die Augen geöffnet werden. Die Kinder versuchen herauszufinden, was sie gefühlt und dabei empfunden haben. Später können sie mit geöffneten Augen noch einmal die gleiche Wanderung durch die Container wagen und sich den Unterschied bewusst machen.

Bei jüngeren oder sehr ängstlichen Kindern wird die Übung einzeln durchgeführt. Dem Kind werden ebenfalls die Augen verbunden, es wird aber von dem Erwachsenen auf den Arm genommen. Ihre nackten Füße berühren dann die unterschiedlichen Oberflächen, aber sie spüren dabei die Sicherheit durch die Erwachsenen. Diese können notfalls Hilfestellung geben, indem sie beschreiben, was die Kinder fühlen könnten, weil einige Dreijährige noch nicht über einen ausreichenden Wortschatz verfügen.

Es ist günstig, mit einfachen Materialien zu beginnen und beim Herausfinden und Benennen zu helfen. Gut geeignet sind zum

Beispiel Gegenstände aus der Natur: ein Büschel Gras, die Oberfläche eines Busches, Baumrinde … Auch Flaschen, Bücher, Bausteine und Weiteres aus dem alltäglichen Leben der Kinder ist gut geeignet, etwa Wolle, Papier oder Stoff.

Auf dem Boden bleiben – Vielen Kindern ist es als Kleinkindern noch gestattet, mit Sand zu matschen und zu spielen. Doch schon nach Abschluss der Reinlichkeitserziehung stellt man bei vielen Kindern eine Angst vor dem „Schmutzigmachen" fest. Dass gerade beim „Matschen" elementare Bedürfnisse des Kindes erfüllt werden, übersehen viele Erwachsene. Die Kinder erleben dabei eine Erdverbundenheit, die ihnen hilft, „festen Boden" zu erfahren und Beständigkeit zu spüren. Beim Arbeiten mit Ton können die Kinder solche Erfahrungen wieder neu machen. Je älter die Kinder und je mehr sie schon unser „Sauberkeitsdenken" verinnerlicht haben, desto länger dauert es, bis sie ihre Scheu vor dem Material überwinden.

TONEN

Für jedes der Kinder wird eine große Schüssel mit gut durchgekneteten Ton vorbereitet. Die Kinder hocken vor dem Ton und schauen sich das Material an. Nun werden ihnen die Augen verbunden und sie erleben den Ton, spüren seine Struktur, fühlen die Geschmeidigkeit seiner Oberfläche.

Wenn sie sich damit vertraut gemacht haben, können sie „in die Vollen" greifen, dem Ton auf den Grund gehen, darin wühlen, ihn kneten, durch die Finger quatschen lassen. Nach Belieben dürfen sie jetzt den Ton gestalten.

Die Erwachsenen geben, wenn überhaupt nötig, den Kindern Anregungen, sie fragen, ob sie etwas Fürchterliches, Ekeliges, Ungeheuerliches, Schönes, Fremdes etc. machen wollen.

Kleinere und ängstliche Kinder wehren sich in der Regel gegen das Zubinden der Augen. Für sie ist es aber auch ohne Augenbinde eine spannende Erfahrung, mit dem Ton zu werkeln. Jüngere Kinder empfinden auch oft das Austrocknen des Tones auf der Hand als unangenehm. Eine Schüssel mit Wasser in der Nähe kann da sehr hilfreich sein.

Auch hier kann der Erwachsene dem Kind helfen, seine Gefühle, die es oft noch nicht verbalisieren kann, in Worte zu fassen.

Wenn die Schatten kommen – Kommt der Abend, werden viele „Helden" plötzlich sehr ruhig. Licht und Schatten, Dämmerung und Finsternis verändern unsere gewohnte Umgebung und lassen vieles unheimlicher erscheinen, als es in Wirklichkeit ist. Und schon werden die meisten Kinder zwischen vier und sechs Jahren von unheimlichen Gestalten, Gespenstern und Räubern aufgesucht, die rational gar nicht zu erklären sind. Geräusche, die nicht einzuordnen sind, verstärken noch den Eindruck und damit die Ängste der Kinder.

UNGEHEUERLICHES

Große Blätter werden auf den Boden gelegt oder auf Staffeleien montiert; große, breite Pinsel und Farben werden bereitgestellt. Die Kinder versuchen nun, so große Ungeheuer zu malen, wie es ihnen möglich ist.

Sind die Bilder getrocknet, wird Musik aufgelegt, und die Kinder tanzen um ihre Ungeheuer herum, können ihnen Fratzen schneiden, ihnen einen Schrecken einjagen, ihnen vielleicht sogar auf der Nase herumstampfen.

Alsdann werden die „Ungeheuer" an große, mit Propangas gefüllte Luftballons gebunden und mit großem Geschrei in die Lüfte geschickt.

WER SPRICHT DA?

Die Kinder sitzen in einem abgedunkelten oder dunklen Raum. Sie schließen für einen Moment die Augen. Ein Kind wird von einem Erwachsenen unter eine Decke geführt. Das Kind kann unter dem Tuch mit normaler oder verstellter Stimme sprechen. Die anderen Kinder, die in der Zwischenzeit wieder die Augen geöffnet haben, versuchen herauszufinden, wer da spricht. – Oder wir nehmen die Stimmen der Kinder mit dem MP3-Player auf. Die Kinder versuchen beim Abhören, ihre eigene Stimme zu erkennen.

GESPENSTERGERÄUSCHE

Die Kinder sitzen im abgedunkelten Raum. Der Erwachsene, später auch abwechselnd die Kinder, machen Geräusche mit Gegenständen, die sich im Raum befinden; z. B. eine Tür auf- und zumachen, mit einem Bleistift am Heizkörper entlanggleiten, über einen Tisch kratzen, Buntstifte auf den Boden fallen lassen, eine Blechdose über einen Tisch rollen lassen, mit Blättern rascheln, einen Stuhl ein Stück zur Seite rücken.

Die Kinder versuchen herauszufinden, woher das Geräusch kommt und was es sein könnte.

Geräusche können auch mit dem eigenen Körper produziert werden, wie z. B. die Nase hochziehen, die Hände aneinanderreiben, stöhnen, schmatzen, mit der Zunge schnalzen, mit den Fingern schnipsen, husten, mit den Füßen scharren, räuspern, ins Taschentuch schnaufen, langsam und leise ausatmen, hecheln, sich kratzen etc.

Sehr spannend ist es auch für Kinder, einen Handlungsablauf im Dunkeln zu erkennen und dann im Hellen nachzuahmen. Das könnte zum Beispiel so aussehen: Im Dunkeln öffnet einer die Tür, schleicht sich zum Fenster, zieht die Vorhänge zu, geht leise zum Schrank, öffnet ihn, holt sich ein Glas heraus (wobei mehrere Gläser aneinander klingen), läuft zum Waschbecken, dreht den Wasserhahn auf, füllt das Glas mit Wasser, dreht den Hahn wieder zu, schlürft laut das Wasser aus dem Glas, trocknet es am Handtuch ab (schwer zu erkennen!), stellt es auf den Tisch, geht zur Tür hinaus.

Dieser Ablauf ist natürlich etwas für die älteren. Die dreijährigen finden es schon spannend, einfache Handlungsabläufe herauszufinden, z. B. die Backofentür öffnen, das Backblech herausziehen, die Klappe schließen oder Buntstifte fallen auf den Tisch, ein Stift wird aufgenommen, jemand malt Krickelkrackel aufs Blatt etc.

Spielkette: Angst, Fantasie, Gefühle – Wir versuchen nun eine Spielreihe zu beschreiben, die all diese Betrachtungen mitein-schließt.

DIEBSTAHL

Die Kinder sitzen im Dunkeln im Kreis (dem Haus); in der Mitte befindet sich ein Kind (der Safe), das den Schmuck (ein Schlüsselbund o. Ä.) bewacht. Ein Kind (der Räuber) versucht nun, unbemerkt in das Haus zu gelangen und den Schmuck zu stehlen. Gelingt es ihm nicht, wird es gefangen genommen. Nun kann der Nächste einen Versuch starten.

Gelingt es dem Dieb, das Gewünschte zu rauben, versteckt er sich in seiner „Räuberhöhle".

RÄUBERHÖHLE

Viele Kinder stellen sich Räuberhöhlen mitten im Wald vor, umgeben von Fallgruben und anderen gruseligen Abschreckungseinrichtungen.

Die Kinder spielen nun die Eroberer, die vor nichts zurückschrecken und sich in die Höhle hineinwagen, in der sich der Räuber versteckt hält.

Die Räuberhöhle kann ein Teil eines Raumes sein, der mit Tischen und Tüchern abgehängt wurde oder draußen im Freien aus Ästen und Laub gebaut werden. Draußen kann man dann auch „echte" (nicht sehr tiefe) Fallgruben ausheben, die das Ganze natürlich spannender machen.

Die Höhle selbst ist mit allerlei unheimlichen Gegenständen gefüllt: Am Eingang streicht das Haar gegen Wollfäden, die von oben herabhängen, wir tasten uns im Dunkeln weiter und fühlen plötzlich eine Katze, die an unseren Beinen entlangstreicht (ein Kind liegt im Dunkeln mit einem Tierfell auf der Lauer). Hat die Katze mich angesprungen, da kratzt doch etwas (ein Ilexzweig, der in Armhöhe angebunden ist)? Was war das, wer spritzt da und womit (Wasserpistole)? Oh, wo bin ich jetzt draufgetreten, was huscht da – eine Ratte? (Ein Stofftier, das an einen Faden gebunden durch die Höhle gezogen wird.) Oh, wer starrt mich da an – ist das die Großmutter des Teufels (Spiegel, der mit Lehm oder Ruß etwas verschmiert wurde, man starrt in sein eigenes Gesicht)? Etc.

Das Ganze kann mit unheimlicher Musik verbunden noch gruseliger, spannender oder mit sanfterer Musik unterlegt, weniger ängstigend gestaltet werden.

Am Ende muss der Räuber natürlich gefangen werden. Die Eroberer führen ihn ab, erhalten eine Belohnung aus dem **Ledersack.** – Sie dürfen sich aus dem Sack etwas herausfischen, sollen aber vorher herausfinden, was sie da fühlen, z. B. Lakritzschnecke, Lolli, Brausestange, saure Drops etc. Anschließend kann natürlich auch ein Fest gefeiert werden mit Räuberspießen und Räuberbowle.

Die Kinder feiern und erhalten eine Belohnung im doppelten Sinne: den Sieg über den Räuber und die Überwindung ihrer Ängste.

M. H.

Teil 4

Fremd sind wir fast überall

Rätselgeschichte

WO KOMMST DU HER?

Zum Einstieg in dieses Kapitel bieten wir Ihnen eine Rätselgeschichte für Kinder an. Sie lesen vor, die Kinder sitzen im Kreis um Sie herum, hören zu und versuchen herauszufinden, aus welchem Land der Besucher kommt. Bei falschen Lösungen erzählen Sie einfach weiter.

1. Ich komme aus einem Land, da gibt es sehr hohe Berge, die das ganze Jahr über mit Schnee bedeckt sind. Wir haben auch viele Seen in unserem Land. Wir mögen Schokolade; dabei meinen viele Menschen, wir würden den besten Käse machen. Unsere größten Städte heißen Genf, Bern, Zürich und Basel. Unser Land hat Grenzen zu Deutschland, Österreich und Italien. Unser Geld nennt man Franken …

2. Ich komme aus einem Land, in dem es meistens sehr heiß ist. Manche von euch waren vielleicht schon einmal bei uns im Urlaub, vielleicht auf einer Insel im Mittelmeer. Wir haben aber auch Inseln mitten im Ozean. Wir trinken viel mehr Wein als Bier und unser Nationalgericht ist „Paella". Unsere Hauptstadt heißt Madrid. Unsere Mädchen heißen oft Maria oder Conchita, unsere Jungen Juan oder Julio …

Wenn ein Kind das Land, um das es geht, errät, gibt es großen Beifall, und Sie erzählen von diesem Land ein wenig mehr.

3. Ich komme aus einem Land, das zwischen Deutschland und Russland liegt. Wir haben da große Kornfelder und weniger Fabriken als ihr hier. Unsere Hauptstadt heißt Warschau. Es gibt bei uns eine Meeresküste und besonders viele Seen, auch leben bei uns noch manche Bären und Wölfe in den Wäldern. Wir mögen traditionelle Musik und feiern gerne Feste mit Tanz und gutem Essen…

4. Ich komme aus einem Land, das liegt zwischen eurem Land und dem Meer. Es ist ziemlich groß und ziemlich reich. Wir essen sehr gern, aber es muss gutes Essen sein; unsere Küche ist berühmt. Unsere Hauptstadt ist Paris und in ihrer Mitte steht ein berühmter Turm. Durch unser Land fließen so schöne Flüsse wie die Seine, die Loire oder die Saône, an denen viele alte Schlösser liegen …

5. Ich komme aus einem Land, da sind die Männer ganz verrückt nach Fußball, noch viel verrückter als bei euch. Deshalb spielen auch viele gute Fußballer von euch bei uns. Wir lieben Essen und Trinken, zum Beispiel Vino und Spaghetti. Und man sagt, wir machen das beste Eis auf der ganzen Welt. Unser Land hat die Form eines Stiefels und ist an drei Seiten von Wasser umgeben. Deshalb haben wir viele Strände und viele Feriengäste …

6. Ich komme von einem Teil der Welt, das weit weg von eurem ist. Dort liegen solche Länder wie China, Japan und Indien. Unser Kontinent ist ziemlich arm. Doch da wir so weit weg von euch wohnen, gibt es nicht viele von uns, die in eurem Land leben und arbeiten. Wir essen vor allem Reis. Aber wir sind, ehrlich gesagt froh, wenn wir überhaupt etwas zu essen haben. Übrigens gibt es bei uns die meisten Menschen auf dieser Welt …

7. Ich komme von dem Kontinent, der wohl der heißeste ist. Die Sonne brennt hier in manchen Gegenden so stark, dass wir uns vor ihr schützen müssen. Deshalb tragen wir auch bei dieser Hitze lange Gewänder. Es gibt aber auch sehr große Wälder, in denen es oft regnet und schwül ist. Wir kommen aus Ländern mit so schönen Namen wie Tansania, Somalia, Marokko oder Madagaskar, aber auch bei uns sind die Leute so arm, dass sie hungern müssen …

8. Ich komme aus einem Teil der Welt, der als der reichste gilt. Aber das stimmt so nicht, man teilt uns in Nord-, Mittel- und Süd-. Im Norden liegen die reichen Vereinigten Staaten und Kanada, aber zur Mitte hin, in Costa Rica oder Nicaragua, geht es schon ärmer zu. Im Süden sind die meisten Menschen noch ärmer. Wir sind der Erdteil, dessen Ureinwohner man Indianer nennt. Na, habt ihr es …

Auch kleine Leute haben´s schwer

Uno, due, tre
Text: Josef Reding
Melodie: Ludger
Edelkötter aus: Mach aus
Fremden Freunde
Rechte im Impulse-
Musikverlag, 48317
Drensteinfurt

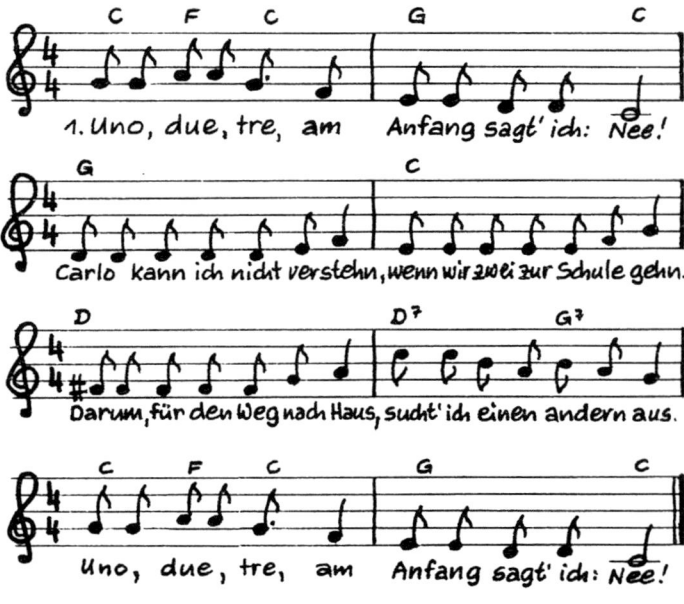

2. Quatro, cinque, sei, der Carlo rief nur: Hei! / Ich jetzt eure Sprache lern', du mir helfen? Bitte? Gern? / Da hab herzlich ich gelacht und mit Carlo Deutsch gemacht. / Quatro, cinque, sei, der Carlo rief nur: Hei!

3. Sette, otto, nove, die Feindschaft ist für Doofe. / Sie will nichts vom andern lernen, will von andern sich entfernen. / Feindschaft macht die Leute dumm, macht sie krumm und schließlich stumm. / Sette, otto, nove, die Feindschaft ist für Doofe.

4. Dieci, das heißt zehn, bis zehn kann ich schon gehn, / kann schon italienisch zählen, kann die richt'ge Pizza wählen, / kann auch Carlos Lieder singen und ihn oft zum Lachen bringen. / Dieci, das heißt zehn, bis zehn kann ich schon gehn.

5. Uno, due, tre, Sprachen tun nicht weh. / Wenn einer fremde Sprachen spricht, dann verhöhnt und foppt ihn nicht. / Jeder kann, wir wolln's bedenken, in seiner Sprache uns beschenken. / Uno, due, tre, Sprachen tun nicht weh. / Uno, due, tre, Sprachen tun nicht weh.

Von Kulturen, Vorurteilen und Ängsten

Der Bruder der kleinen Monika aus meiner Gruppe war auf Klassenfahrt. Als Monika an einem Montagmorgen mit ihrer Mutter in den Kindergarten kommt, erzählt sie sehr aufgeregt, dass ihrem Bruder im Bus etwas passiert ist. Ich werde nicht so recht schlau aus ihren Erzählungen, und die Mutter erläutert dann, was sie meint: „Ach so, da waren so Kanaken, so Türken, die haben randaliert und den Bus fast kaputtgemacht …" **Kanaken und Randalierer** *Dabei standen auch noch einige Kinder und Mütter, wobei einer Mutter bei dem Wort „Kanaken" ein „Na, na!" entfuhr. Die kleine Monika hatte diese Geschichte offenbar über das Wochenende so beschäftigt, dass sie sie gleich am Montagmorgen loswerden musste. Sie hat dabei natürlich etwas gelernt: Anscheinend sind Türken Kanaken, Randalierer und man gibt sich am besten erst gar nicht mit ihnen ab.*

Kinder müssen sich im Kindergarten – nachdem sie nun häufiger und regelmäßiger mit anderen Kindern in Kontakt kommen – auch intensiver mit eigenen Wünschen und Konflikten auseinandersetzen. Vermehrt werden sie auf Eigenarten anderer aufmerksam und müssen sich diesen guten, schlechten und auch widersprüchlichen Erfahrungen und dem damit verbundenen Verhalten stellen. Der Umgang

mit Gleichaltrigen ist sowohl wichtig für die eigene Sozialisation wie auch für die Entwicklung der sozialen Kompetenz. Kinder werden in einer Kindergesellschaft zu Kulturträgern.

Bestimmte Merkmale einer Kultur werden in Rollenspielen und Gesprächen weitergegeben, ohne dass sich Erwachsene einmischen. Wobei nicht nur Kulturen aus anderen Ländern, sondern auch unterschiedliche Kulturen aus dem eigenen Land im Spiel mehr oder weniger fremd erlebt werden können.

Gastland – Heimatland

Ausländische Kinder werden häufig mit mehreren unterschiedlichen Kulturen konfrontiert. Der erste Konflikt beginnt mit den Vokabeln „Gastland" und „Heimatland". Für viele Kinder ausländischer Mitbürger ist unser Land häufig schon längst zum „Heimatland" geworden, in der jeweiligen Familie wird dies aber möglicherweise ganz anders gesehen. Die gesellschaftlichen Spannungen beginnen häufig schon im Kindergarten, wenn ausländische Eltern wegen zu geringer Deutschkenntnisse oder abweichender Ansichten nicht in Elternaktivitäten miteinbezogen werden – oder nicht miteinbezogen werden wollen. Dies setzt sich in der Kindergruppe fort. Von „Den fass ich nicht an, der ist schmutzig!" bis hin zu existenzieller Angst vor einem Kind, das eine andere Sprache spricht und der sich darin ausdrückenden Fremdheit, sind alle Reaktionen auf Erscheinung und Verhaltensweisen ausländischer Kinder denkbar.

Thema dieses Beitrags soll es sein, den Eltern, vor allem aber den Kindern Möglichkeiten zu schaffen, die jeweils andere Kultur kennenzulernen, die eigenen Schwellenängste abzubauen und aufeinanderzuzugehen.

Ängste abbauen

Vorurteile entstehen häufig durch mangelnde Informationen, dadurch auftretende Unsicherheiten und Pauschalisierungen.

Vorurteile abbauen heißt auch, die eigene Unsicherheit abzubauen und den anderen Menschen als Menschen mit einer eigenen Persönlichkeit, eigenen Wünschen, Ideen und Erfahrungen zu akzeptieren und nicht als „andersartig" abzustempeln.

Die Intention im Kindergarten muss daher sein, den Kindern – einheimischen wie ausländischen – zu helfen, die eigenen Ängste vor dem Fremden, Andersartigen zu bewältigen und mithilfe eines eigenen starken Selbstwertgefühls offen auf andere Kinder zuzugehen, den Umgang miteinander zu proben und damit Spannungen abzubauen.

Stärken des Selbstwertgefühls

Dass das „Erfahren" des Kindes, das sich mit einem anderen Kind oder einer anderen Kultur auseinandersetzt, sich nicht nur verbal abspielt, wie in der von der Mutter erzählten Geschichte, sollte einleuchten. Doch wie macht das Kind seine eigenen Erfahrungen, wie geht das vor sich, wenn aus Begreifen Verstehen wird?

Wie Max eine Erfahrung macht

Max ist gerade zwölf Monate alt geworden. Auf dem Teppich in seinem Kinderzimmer liegt auf dem Fußboden eine schöne bunte Rassel. Die Mutter ergreift sie und macht damit ein lautes Geräusch. Dann legt sie sie wieder auf den Boden. Max Interesse ist nun geweckt. Er krabbelt zu der Rassel hin. Er schaut sie neugierig an und greift danach, nimmt sie in die Hand und ertastet die Form und das Material. Doch das laute Geräusch ertönt nicht gleich. Erst als er die Rassel schüttelt. Die Mutter nennt nun das Wort „Rassel". Max ahmt noch das Geräusch nach. Später kann er das Wort auch nachsprechen. Er wiederholt diesen Vorgang sehr häufig und erkennt schließlich eine Gesetzmäßigkeit: Die Rassel rasselt immer, wenn sie bewegt wird.

Komplizierte Lernvorgänge

Was hier stark vereinfacht geschildert wurde, sind äußerst komplizierte Lernvorgänge. Max hat nicht einfach nur nach einer Rassel gegriffen, sondern er hat eine wichtige Erfahrung gemacht und Zusammenhänge erkannt, die er nun nach Belieben wiederholen und ihnen später einen Begriff zuordnen kann.

Was ist geschehen? (Die komplexen und vielschichtigen Entwicklungszusammenhänge können wiederum nur vereinfacht wiedergegeben werden.)

Reize aus der Umwelt

Zunächst erfährt Max optische und akustische *Reize aus der Umwelt.* Sein Interesse ist nun geweckt, und der Wunsch entsteht, die Rassel zu bekommen. Nun sind motorische Fähigkeiten gefragt. Die Möglichkeit der *Bewegung* ist ein wichtiger Bestandteil der Persönlichkeitsentwicklung. Mithilfe der *Grobmotorik* kann er zu der Rassel krabbeln. Er entdeckt dabei das Verhältnis seines Körpers zum Raum. Er macht eine *Erfahrung* mit der räumlichen und gegenständlichen Umwelt durch die Bewegung. Die *visuelle Wahrnehmung* übt hierbei eine ständige Kontrollfunktion aus. Max setzt sich neben die Rassel und greift danach. Nun benutzt er die *Feinmotorik,* und der *Tastsinn* übt zusammen mit dem *Sehsinn* eine Kontrollfunktion aus. Er hört ein Geräusch, unterscheidet mithilfe der *akustischen Wahrnehmung* das laute Geräusch beim Schütteln der Rassel und das leise Geräusch beim Aufnehmen der Rassel. Mithilfe der *Sprache* kann er diesem „Ding" das Wort Rassel zuordnen, auch wenn er es noch nicht selbst aussprechen kann. Er ahmt das Geräusch nach, und hierbei übt nun der Hörsinn eine Kontrollfunktion aus.

Integration der Sinne

Also kam diese Erfahrung durch eine *Integration aller Sinne,* der *Bewegung* und der *Sprache* zustande. Auf diese elementare Erfahrung kann Max weitere Erkenntnisse aufbauen, z. B. die Erkenntnis, dass nicht alles, was ein Geräusch macht, wenn es bewegt wird, eine Rassel ist. Die elementare Erfahrung wird immer wieder abstrahiert. Zusammenhänge werden deutlich. Das Fremde wird durch *Greifen begriffen,* d. h. durch Veranschaulichung vertraut gemacht und mit allen dem Kind zur Verfügung stehenden Möglichkeiten *erfahren.*

Ein kurzes Beispiel aus der Erwachsenenwelt zeigt, dass auch wir leichter lernen, wenn etwas veranschaulicht wird:

Frau Huber möchte einen Urlaub in Griechenland verbringen und etwas mehr über dieses Land erfahren. Sie belegt einen Kurs an der Volkshochschule. Dieser Kurs beginnt mit einem Vortrag über die antike Literatur Griechenlands. In der nächsten Stunde folgt ein Vortrag über Ernährungsgewohnheiten in Griechenland, dann folgen Vorträge über die politische und geografische Lage etc. und schließlich ein Diavortrag. Frau Huber hat sicherlich etwas über Griechenland gelernt, die Hälfte aber wahrscheinlich gleich wieder vergessen.

Lernen über den Kopf

Frau Meier ergeht es ähnlich. Auch sie belegt einen Kurs an der Volkshochschule. Doch dieser Kurs beginnt damit, dass sich alle Teilnehmer vorstellen und ihre persönlichen Erfahrungen mit diesem Land und ihre Erwartungen von dem Kurs schildern. In den nächsten Stunden wird gemeinsam griechisch gekocht, es werden Tänze einstudiert, Musik gehört. Alle Teilnehmer/-innen schneiden Zeitungsartikel über die politische Lage und die aktuellen Probleme des Landes aus, tragen diese zusammen und diskutieren dann mithilfe des Seminarleiters darüber. Am Ende dieses Kurses hat Frau Meier einiges über Griechenland erfahren und ist nun eher in der Lage, auf diesen Erfahrungen aufzubauen und sich nach und nach eine eigene Meinung über Land und Leute zu bilden, während Frau Huber zunächst nur reproduzieren kann.

Lernen über die Sinne

Dieses Prinzip können wir uns im Kindergarten zunutze machen. Um abstrakte Erfahrungen machen zu können, müssen Wahrnehmung, Bewegung und Sprache zusammenwirken. Die einfachen, die elementaren und individuellen

Erfahrungen (siehe Beispiel mit der Rassel) müssen miteinbezogen werden, um darauf aufbauen zu können. Das Lernen darf also nicht auf einzelne Merkmale beschränkt sein, sondern muss ganzheitlich geschehen – so wie Max gelernt hat, was eine Rassel ist.

Begreifen durch Erfahrungen

Hierdurch werden Zusammenhänge deutlich. Das Fremde wird durch Veranschaulichung vertraut gemacht, d. h. mit allen dem Kind zur Verfügung stehenden Möglichkeiten *erfahren*. Es wird *greif-bar.*

Wie kann ich nun helfen, kindliche Spannungen und Berührungsängste abzubauen, bevor diese zu handfesten Vorurteilen werden?

Die fremde Lebenskultur soll den Kindern nähergebracht werden. Sie sollen erfahren, dass Unterschiede in den Lebensweisen ganz natürlich sind. Elementare Erfahrungen und Erlebnisse, gute oder schlechte, sollen durch ganzheitliche Angebote erweitert werden. Wir wollen gemeinsam voneinander und miteinander lernen. Lernen heißt auch: soziale Kompetenzen zu entwickeln, Sprache, Wahrnehmung und Bewegung zu trainieren, zu kombinieren und neue Erkenntnisse zu gewinnen, diese im Gehirn zu speichern und darauf wiederum neue Erkenntnisse aufzubauen. Lernen bedeutet so gesehen, eine sichere Grundlage zu gewinnen für künftige Annäherungen an Neues und Unbekanntes.

Ganzheitliches Lernprinzip

Das ganzheitliche Lernprinzip geht immer von der Gesamtperson des Kindes aus und akzeptiert jedes Kind als einen Menschen mit eigenen Fähigkeiten, Wünschen und vor allem Erfahrungen. Es soll dem Kind vor allem die Möglichkeit bieten, Neues und Fremdes, durch eine Vielfalt an sinnlichen, motorischen, sozialen und intellektuellen Erfahrungen (die natürlich niemals allein stehen, sondern immer zusammenwirken), möglichst umfassend zu begreifen und zu erlernen. Wesentliches Ziel eines solchen Lernvorgangs ist nicht die Reproduktionsfähigkeit des Lernenden (wie im Falle von Frau Huber), sondern das Verstehen (wie im Falle von Frau Meier). Dieses als „handlungsorientiertes Lernen" bezeichnete Konzept fließt seit einiger Zeit mit Erfolg in die Grund- und Vorschulklassen von Regel- und vor allem Sonderschulen ein. Theoretische Lernvorgänge werden auf Handlungsebene über möglichst viele Sinneseindrücke, Sprache und Bewegung veranschaulicht, greifbar und somit verstehbar gemacht. Im Zentrum des Lernens steht dabei immer das Kind, das gefordert ist, persönliche Erfahrungen und Ideen in den Unterricht einzubringen.

Eine Form der Annäherung an das Thema der Auseinandersetzung mit fremden Kulturen im Kindergarten, das ja auch immer mit persönlichen Erfahrungen besetzt ist, soll in den nächsten Kapiteln praktisch geschildert werden.

Nicht reproduzieren, sondern verstehen

Kinder entdecken die Welt

„Aus welchem Land kommt Ali?", fragt mich Thomas eines Morgens im Kindergarten. „Aus der Türkei", antworte ich. „Und aus welchem Land kommt Andrea?" „Aus Italien", antworte ich. „Aber Andrea ist doch ein Mädchenname!", löchert mich Thomas weiter. Ich versuche, diese Fragen so gut wie möglich zu beantworten. Aber ich merke, dass Thomas mit meinen Antworten nicht so recht zufrieden ist. Er kann sich unter Italien und Türkei sehr wenig vorstellen. Dann höre ich ein Gespräch zweier anderer Kinder mit an: Es geht um Marlawi aus Uganda. „Die ist ganz schmutzig, die wäscht sich nie." Die Kinder kichern dabei und freuen sich offenbar, dass sie eine eigene Erklärung für Marlawis Hautfarbe gefunden haben. Sofort erinnere ich mich an Clemens' Aussage: „Ich spiele nur mit Mädchen, die blonde Haare haben." Dieser Vorsatz wird von ihm auch knallhart durchgehalten.

Schmutzige Hautfarbe?

Diese oder ähnliche Situationen aus dem Kindergartenalltag hat wohl jede Erzieherin schon einmal erlebt. Information tut also Not. (Die Reihenfolge der nun folgenden praktischen Beispiele ist völlig beliebig.)

Ein Spinnennetz verbindet viele Länder

a) Alle Kinder sitzen in einem Stuhlkreis. Als Material wird ein Wollknäuel benötigt. Ein Kind beginnt, indem es das Wollknäuel in der Hand haltend erzählt, aus welchem Land es kommt, und kurz darüber berichtet. Es darf alles sagen, was ihm dazu einfällt. Die Erzieherin und die anderen Kinder können auch Fragen stellen. Wenn ihm nichts mehr einfällt, dann hält es ein Ende der Wolle fest und wirft das Knäuel einem anderen Kind zu. Jetzt ist dieses Kind an der Reihe, seine Erfahrungen zu berichten. Es hält ebenfalls ein Stück des Wollfadens fest und wirft das Knäuel einem anderen Mitspieler zu.

Während dem Spiel können Fragen auftauchen, wie: Was esst ihr gern? (Pizza, Spaghetti – aus welchem Land kommen die?) Wo leben die Großeltern? Wie sieht euer Haus aus? Was ist in eurem Heimatland für ein Wetter? Welche Tiere leben dort? Welche Urlaubsländer habt ihr kennengelernt?

Das Wollknäuel hat hier eine zweifache Wirkung: Zum einen darf immer nur das Kind erzählen, das es gerade in der Hand hat, und keiner wird vergessen. Zum anderen entsteht ein großes „Spinnennetz", das alle Kinder miteinander verbindet. Dieses Netz zeigt uns, dass wir doch alle, obwohl wir unterschiedliches Aussehen haben, gleichberechtigte Mitglieder in der Gesellschaft und irgendwie miteinander verbunden sind.

Alle Kinder erzählen etwas, und hier wird schon deutlich, dass auch deutsche Kinder unterschiedliche Ansichtspunkte haben, genauso wie italienische, türkische oder marokkanische Kinder. Deutsche sind nicht gleich Deutsche und Ausländer nicht gleich Ausländer. Unterschiede, aber auch Gemeinsamkeiten in Aussehen, Ernährung, Kleidung etc. werden festgestellt.

Der *sprachliche Aspekt* spielt hier eine wichtige Rolle. Bisherige Erfahrungen werden ausgetauscht und verbalisiert. Weiterhin spielt auch der *soziale Aspekt* eine große Rolle. Zuhören und miteinander verbunden sein sind die Erfahrungen, die die Kinder hier machen. Kein Kind wird aus diesem Kreis ausgeschlossen.

b) Bücher, Fotos und Geschichten eignen sich sehr gut als vielfältiges Anschauungsmaterial. (An dieser Stelle werden Bücher und Geschichten vorgestellt, die sich eignen, fremde Kulturen, das Leben in anderen Ländern, aber auch das tägliche Leben hierzulande darzustellen und zu beschreiben.) Zwei Beispiele: Ursula Krebs: „Wir lieben unser Land. Kinder erzählen aus Tansania" oder „Wie die Giraffe zu ihrem langen Hals kam und andere Fabeln aus Tansania", gesammelt von Simoni Malya, Bilder von Omari Amonde.

Wie die Giraffe zu ihrem langen Hals kam …

Vor allem *sprachlich,* aber auch durch praktisches *Gestalten* (malen, basteln, töpfern, verkleiden etc.) können die Geschichten wiedergegeben und eigene Erfahrungen damit verglichen werden. Für die Aufnahme der Geschichten spielt die auditive Wahrnehmung eine besonders wesentliche Rolle.

Bilder und Fotos eignen sich gut, um die bisher gehörten Geschichten und individuellen Erzählungen zu veranschaulichen. Hier sind jedoch hauptsächlich Fotos und Postkarten gefragt. Auch einen Kinderweltatlas kann man sich anschauen, ebenso wie Bilderbücher aus Deutschland (zum Beispiel die Wimmelbücher von Ali Mitgutsch: „Auf dem Lande", „Rundherum in meiner Stadt", „Komm mit ans Wasser", „In den Bergen" usw).

Hier spielt die **visuelle Wahrnehmung** eine große Rolle. Einzelheiten sollen erkannt, herausgesucht und beschrieben werden.

Die ganze Welt zum Anfassen

c) Für Kinder ist es immer wichtig, Dinge darstellen zu können. Auch wenn sie noch so viel über die Form der Erde und die Menschen auf ihr hören und sehen, die praktische Tätigkeit erst schafft die Zusammenhänge. Dies zeigt auch wieder ein Beispiel aus der Erwachsenenwelt:

Wenn Sie als Erwachsener ein Auto sehen und jemand Ihnen erklärt, wie man Auto fährt, dann beherrschen sie das Autofahren noch lange nicht. Fahren lernen Sie erst, wenn Sie selbst das Auto unter Anleitung lenken und Ihr wissen über Verkehrsregeln mit der praktischen Handhabung des Fahrzeugs vereinen. Richtig fahren können Sie erst, wenn Sie auch – aufgrund Ihrer Erfahrung – den Verkehr richtig einschätzen können und damit eine gewisse Sicherheit erlangen. Übung macht dann aus Ihnen einen Meister.

Um die **feinmotorische Förderung,** die *Entwicklung der Fantasie* und die Entdeckung der *Vielfalt der Darstellungsformen und Materialien* geht es in diesem Punkt. Einzelne Bastelarbeiten, Schnipselbilder, Knetfiguren usw., aber vor allem Gemeinschaftsarbeiten tragen zum *Erreichen einer sozialen Kompetenz* bei. Nur wenn sich alle einigen und zusammenarbeiten, auch die, die es noch nicht so gut können, kann es gelingen. Zwei Beispiele hierzu:

Aus Pappmaschee und einem Luftballon können wir einen eigenen Globus herstellen. Mit Wasserfarbe wird er blau angemalt. Dann kann man grob die Umrisse der einzelnen Erdteile fast maßstabsgetreu aus einem Atlas abpausen und aufkleben. Zum Schluss werden Kinderfotos aus aller Welt auf die entsprechenden Erdteile geklebt. Selbstverständlich werden echte Fotos und Bilder von Kindern verwendet und Stilisierungen im Sinne der „Zehn kleinen Negerlein" und Geschichten vom weißen, schwarzen, roten oder gelben Mann mit den Schlitzaugen vermieden. Fotos von Kindern aus aller Welt finden sich z. B. in den Zeitschriften von UNICEF oder den SOS-Kinderdörfern.

Auch interessante Collagen lassen sich herstellen: z. B. über Tiere aus anderen Ländern, Häuser, Wälder etc. Sehr hilfreich ist hier auch ein großer Kinderatlas. Zuordnen lassen sich die Tiere dann auch noch: Die Kinder bringen ihre Stofftiere von zu Hause mit. Gemeinsam wird überlegt, welche Tiere Fantasietiere sind, welche real vorkommen und in welchen Ländern sie leben.

a) In unserer hochtechnisierten Welt können Kinder auch lernen, dass Spielsachen nicht immer aus Plastik und mit Batterie versehen sein müssen. Wie spielen Kinder in anderen Ländern?

Eine Musikkapelle aus Draht und andere Spiele

Ein Buch hilft uns, Spiele der Kinder aus Afrika nachzuspielen. Es ist von Truus Nijhuis, „Afrikanische Kinderspiele". Für Gruppen-, Wett- und sonstige Spiele werden, falls erforderlich, hauptsächlich Naturmaterialien verwendet, aber auch Materialien, mit denen wir unsere Kinder aus Angst vor Verletzungen nicht gern spielen lassen, z. B. eine Musikkapelle rein aus Draht.

Ein weiteres Spiel, das sich im Kindergarten leicht verwirklichen lässt, ist das türkische Schattentheater. Die flachen Puppen werden an Stäbchen befestigt, und spielen hinter einer Leinwand, die von einer Lampe angestrahlt wird.

Hier spielt der **motorische Aspekt** eine sehr wichtige Rolle. Wir bewegen uns, wir toben, wir spielen alle gemeinsam. Durch das gemeinsame Spiel und die Ideen, die über Jahrzehnte oder gar Jahrhunderte aus der jeweiligen Kultur und den dortigen Lebensumständen gewachsen sind und immer wieder weitergegeben wurden, **erleben** die Kinder sehr viel Neues im Umgang mit der fremden Kultur.

Wir kommen uns näher

„Bambini" heißt „Kinder"

Filipe ist aus Italien, drei Jahre alt und spricht kein Wort Deutsch. Um das Gruppengeschehen einigermaßen aufrechtzuerhalten, muss ich meine drei Brocken Italienisch auspacken. Zu „Basta" reicht es gerade noch, als Filipe mit äußerster Konzentration den Kakao aus der Kanne auf die Räder seines mitgebrachten Autos schüttet. Der Erfolg dieser Aktion war, dass alle Kinder in der Gruppe an diesem Tag ein italienisches Wort gelernt haben, das sie auch sogleich beim Abholen stolz ihren Eltern präsentierten. Von nun an hört er aus aller Munde: „Basta!", egal ob er etwas anstellte oder nicht. Diese sprachliche Annäherung verstand er gut, und nach und nach lernten die Kinder durch Nachsprechen ein paar italienische Wörter.

b) Dieses Ereignis zeigt, dass auch Informationsbedürfnis bezüglich der Sprache vorhanden ist. In einem Stuhlkreis lernen wir von den ausländischen Kindern in unserer Gruppe einige Wörter. Verschiedene Gegenstände aus dem Alltagsgeschehen der Kinder werden herausgesucht und die verschiedenen Begriffe aus allen verfügbaren Sprachen dazu genannt und nachgesprochen.

Wir tragen auch zusammen, was „Guten Tag" und „Auf Wiedersehen" auf Spanisch, Türkisch oder Italienisch heißt. Manche Kinder erinnern sich auch noch an das eine oder andere Wort aus dem letzten Urlaubsland.

Auf *sprachlichem Gebiet* ist dieses Spiel sinnvoll. Fremde Begriffe nachsprechen setzt ein hohes Maß an *auditiver Wahrnehmung* voraus. Töne müssen erkannt, differenziert im Gehirn verarbeitet und sprachlich zum Ausdruck gebracht werden.

Wo ist die Kokosnuss?

c) Auch Speisen verraten uns einiges über andere Kulturen und Lebensweisen. Das gemeinsame Zubereiten der Speisen fördert zum einen das soziale Miteinander, zum anderen sehen die Kinder auch, welche (teilweise fremden) Zutaten benutzt werden.

Beispielsweise lässt sich in einer Kindergruppe u. a. aus Mehl, Eiern und Gewürzen ein Fladenbrot backen. Ein Nachtisch, Bananen-Kokos-Pudding aus Nigeria, lässt sich auch recht einfach anrichten. Eine echte Attraktion ist hier die Kokosnuss.

Das Fleisch der Kokosnuss wird fein geraspelt, nachdem der Saft entnommen wurde. Die geschlagenen Eier mit dem Zucker zur Kokosmilch gegeben. Kokosraspel und zerdrückte Bananen ebenfalls zu den Eiern geben. Im Backofen bei mittlerer Hitze backen.

d) Auch in Liedern und Tänzen sind wesentliche Merkmale einer Kultur enthalten. Ein griechischer Sirtaki z. B. lässt sich – etwas vereinfacht – mit einer kleineren Kindergruppe nachtanzen. Die Musik ist recht bekannt. Vielleicht sind griechische Eltern auch bereit, die Schritte in der Gruppe mit Kindern und Erzieher/-innen einzustudieren.

Das internationale Kinderfestival

Wir feiern in der Gruppe ein Tanz- und Singfestival. Jedes Kind darf auf einer provisorischen Bühne etwas vortanzen oder vorsingen, die anderen sind Zuschauer. Es ist für alle ein Erlebnis, wenn der dreijährige Filipe aus Italien auf einer Spielzeuggitarre professionell „Ti amo" singt oder wenn Selda aus der Türkei uns einen Bauchtanz vorführt.

Vom Kinderlied bis zum englischen Hit

Auch Kinder aus Deutschland haben vieles beizutragen: Vom Kinderlied aus dem Kindergarten über deutsche Volksweisen bis hin zu englischen Popsongs kann alles vertreten sein.

Wenn die Eltern in den Kindergarten kommen, ist das immer eine besondere Attraktion. Ein Gruppenfest lädt zum Kennenlernen ein. Hier kann es sich um ein gemeinsames Basteln mit Eltern und Kindern handeln oder um Spiele, die gemeinsam durchgeführt werden. Alle Eltern beteiligen sich mit Speisen, Knabbereien oder Kuchen. Auch Aktivitäten, wie z. B. ein Theaterstück der Eltern für die Kinder, sind auf einem solchen Fest gefragt. Vielleicht bringen ausländische Eltern Musik und Spezialitäten aus ihrem Heimatland mit. Alle können einmal probieren.

D. F.

Teil 5

Auf
in die Fremde

Mitmachgeschichte

Zum Einstieg in dieses Kapitel bieten wir Ihnen eine Mitmachgeschichte für Kinder an. Sie lesen vor, die Kinder spielen bestimmte Abschnitte nach Ihren Anweisungen mit. Diese Abschnitte sind im Text eingerückt und farbig gedruckt.

Die Spielleiterin übersetzt alle Namen der Kinder in die fremde Sprache, also Sven in „Nevs", Esther in „Rehtse", Robin in „Nibor" und so weiter. Die Kinder werden sicher ihre neuen Namen hören und sprechen wollen. Vielleicht übersetzt die Spielleiterin auch ihren eigenen Namen, das freut sicher alle.

WIE REDEN DIE DENN?

Es waren einmal Kinder, die kamen aus einem fernen, fremden Land. Für sie war alles neu hier und sie kannten unsere Sprache nicht. Ein Mädchen ging in einen Raum und zu einem Stuhl. Es fragte: „Bulitschi kasi?"

Ein Mädchen läuft im Kreis, geht zu einem Stuhl und fragt (s. o.):

Die Kinder im Raum erklärten es ihr und sagten: „Das ist ein Stuhl." Alle zusammen wiederholten dann zuerst das fremde Wort, dann das deutsche.

Kinder wiederholen zusammen beide Worte.

Ein Junge aus dem fremden Land ging zu einem Fenster, öffnete es und sagte: „Kolli taga sutaro." Daraufhin sagten die Kinder im Raum: „Ich hab' das Fenster geöffnet." Und wieder sprachen sie zusammen beide Sätze.

Die Szene wird gespielt und gesprochen.

Zwei Kinder aus dem fremden Land tanzten miteinander durch den Raum. Dabei riefen sie: „Lori umfada!" Woraufhin alle anderen Kinder auch zu zweit durch den Raum tanzten und riefen: „Wir tanzen, wir tanzen!"

Die Szene wird gespielt und gesprochen.

Ein weiteres Kind zeigte auf seine Körperteile und sagte: „Litschi, Sabuja, Kardono, Ellwati, Hoblo …" Die Kinder zeigten zusammen auf ihre Nasen, ihre Münder, ihre Ohren, ihren Bauch und ihren Po; dabei wiederholten sie die fremden Worte und die deutschen.

Die Szene wird gespielt und gesprochen.

Dann, die Kinder waren schon gut miteinander befreundet, stellten sie sich mit ihren Namen vor. Dabei entdeckten sie etwas Lustiges. Wie die Kinder in unserer Sprache hießen, so auch in der fremden – aber von hinten nach vorn gesprochen. Wir wollen das jetzt hier einmal zusammen ausprobieren. Also, die Monika heißt „Akinom". Monika heißt …

Alle Kinder rufen: „Akinom".

Wenn du singst
Text und Musik:
H. G. Surmund

2. Wenn du sprichst, sprich nicht allein, / steck andre an, Sprechen kann Kreise ziehn, / Wenn du sprichst, sprich nicht für dich, / sprich andre an: Zieh den Kreis nicht zu klein …

3. Wenn du hörst, hör nicht allein, / steck andre an, Hören kann Kreise ziehn, / Wenn du hörst, hör nicht für dich, / hör für mich mit: Zieh den Kreis nicht zu klein …

4. Wenn du weinst, wein nicht allein, / steck andre an, Weinen soll Kreise ziehn, / Wenn du weinst, wein nicht für dich, / schließ dich nicht ein: Zieh den Kreis nicht zu klein …

5. Wenn du lachst, lach nicht allein, / steck andre an, Lachen soll Kreise ziehn, / Wenn du lachst, lach nicht für dich, / lach andren zu: Zieh den Kreis nicht zu klein …

Helden muss man gar nicht backen

Eine Spielkette für Kinder, bei der es um die eigenen Fremdheiten und Ängste geht, die man ruhig haben darf, aber die auch ein Stück weit bewältigt werden können.

Alter: ab 3 Jahren

Anzahl der Teilnehmer: 12–40 Kinder

Dauer: ca. 150–180 Minuten

Raum: großes Zimmer oder Wiese

Material:

❀ für jedes Kind ein Helden-Diplom

❀ für jedes Kind einen Button

❀ für je 4 Kinder eine Fummelkiste, d. h. eine große Dose mit Stoff über der Öffnung (scharfe Ränder mit Tesakrepp zukleben!) und einem Schlitz, damit eine Hand hineingreifen kann, oder ein großer Karton mit einer Öffnung für die Hände; da hinein steckt man hartes, weiches, rundes, trockenes usw. Material, das die Kinder dann ertasten sollen.

❀ bunte Wolle

❀ für jedes Kind einen stabilen Stuhl

❀ viele Bauklötze

❀ einen großen Korb oder eine Kiste

❀ für jedes Kind einen Gymnastikreifen

❀ Papier, flüssige Farben, nicht saugfähige Platten (Holz, Styropor, Glanzpapier) ca. 25 cm x 30 cm, Tesafilm, schwarze Stifte

❀ Musik, zu der es sich leicht bewegen lässt, am besten im 4/4-Takt

❀ 30 Meter dickes Seil; ersatzweise kann die Linie mit 30 m Tesakrepp geklebt werden.

Hallo Kinder, ich habe euch noch gar nicht von der Prüfung erzählt, die uns heut bevorsteht. Alle, die wollen, können heute bei uns das Helden-Diplom machen. Wir Mitarbeiter haben das in den letzten Ferien gemacht, und nun dürfen wir euch prüfen.

Das Helden-Diplom

Alle, die das Ziel erreichen, bekommen am Ende das Helden-Diplom und die Helden-Ehrennadel überreicht. Ihr kennt ja alle viele große Helden, und deshalb wisst ihr auch, dass niemand ein Held wird, der den ganzen Tag zu Hause sitzt. Nein, ein Held wird man in der Fremde, weit weg von allem Vertrauten und Bekannten. Oft denken alle, Helden sind nur stark, dabei sind sie meistens vor allem mutig, und zwar mutig, Neues kennenzulernen. Und das wollen wir heute machen, mutig sein und neugierig, dazu braucht jeder dann schon auch eine Menge Kraft. – Sind wir denn neugierig? Lasst es uns gleich ausprobieren!

Die Erzieherin hat verschiedene Fummelkisten vorbereitet (Beschreibung siehe Material), in diese greifen die Kinder nun hinein. Dabei versuchen sie zu erraten, was sie gerade betasten.

Toll, neugierig seid ihr ja alle. Nun werden wir uns noch gegenseitig viel Mut wünschen.

Alle Kinder laufen durch den Raum und schütteln so schnell so viele Hände wie möglich. Dabei sagen sie immer: „Ich wünsche dir viel Mut!"

Ich wünsche dir viel Mut!

Nun brauchen wir nur noch Kraft für unsere Heldenprüfung. Die Neugier haben wir bewiesen, und Mut haben wir uns gegenseitig gegeben.

Immer zwei Kinder flechten sich gegenseitig aus bunter Zauberwolle ein Kraftband und binden es sich ums Handgelenk. Kleinere Kinder drehen sich eine Kordel.

Jetzt sind wir gerüstet und die Prüfung kann beginnen. Mit riesigen Schritten fangen wir gleich an.

Alle Kinder versuchen, mit so wenig Schritten wie möglich den Raum zu durchqueren. Dort steht für jedes Kind ein Stuhl bereit, auf den es sich stellt.

Helden-Diplom

für

_____

_____

_____

Die meisten Helden, die ihr kennt, sind ja Erwachsene. Nun wollen wir uns umschauen, ob unser Zimmer anders aussieht, wenn man so groß ist.

> Alle Kinder, die Lust haben, können erzählen, was sich für sie verändert hat.

Hier oben hat jeder eine viel größere Übersicht. Das ist klasse! Aber dafür ist es auch viel weiter bis zum Boden.

> Die Erzieherin verteilt um die Stühle viele Bauklötze. Nun versuchen die Kinder, so viele Bauklötze wie möglich aufzuheben, ohne den Boden mit einem Körperteil zu berühren und in eine dafür in greifbarer Nähe stehende Kiste zu transportieren.

Wenn jemand so hoch steht, fällt er auch tiefer, einige von euch konnten das ja gerade feststellen. Helden macht das jedoch keine Angst, oder?

> Drei Kinder haben zusammen zwei Stühle. Zwei Kinder stehen jeweils auf einem der Stühle, die nebeneinanderstehen. Das dritte Kind steht vor ihnen. Alle halten sich an einem Gymnastikreifen mit beiden Händen fest (evtl. auch eine dicke ca. 2 m lange zum Kreis gebundene Schnur). Nun versucht das Kind mit dem festen Boden unter den Füßen, wenigstens ein Kind vom Stuhl zu ziehen. Dann ist Wechsel. Jedes Kind sollte beide Positionen eingenommen haben.

Nun haben wir gezeigt, dass wir den großen Helden in Geschicklichkeit in nichts nachstehen. So stürzen wir in unser Abenteuer.

Wir müssen in das Land der fantastischen Gestalten. Das liegt ungefähr 4003,79 Kilometer von hier entfernt, habt ihr eine Idee, wie wir da hinkommen können?

Wir gehen auf die Reise

Die Vorschläge der Kinder werden aufgegriffen und umgesetzt. Die Kinder fliegen ein Stück, sie reiten, schwimmen, teleportieren sich irgendwohin. Was ihnen einfällt, wird gemacht. Dabei bewegen sich alle Kinder entsprechend und geben die dazugehörigen Laute von sich. Diese Fortbewegungsmittel können während der ganzen Spielkette immer wieder nach speziellen Fortbewegungsregeln (z. B. blind führen …) eingesetzt werden.

Um unsere Aufgaben zu lösen, müssen wir Wege gehen, die wir gar nicht kennen, oder wir müssen an einen Ort, an dem es gar keinen Weg gibt. So wie jetzt. Wir stehen hier und müssen an das andere Ufer von diesem Fluss, und dabei gibt es keine Brücke.

Vier Stühle weniger als Kinder werden in eine Reihe eng zusammengestellt. Alle Kinder stehen auf den Stühlen und versuchen, durch das Nach-vorn-Reichen des letzten Stuhls eine vorgegebene Strecke zu bewältigen, ohne dass ein Kind dabei den Boden berührt.

Angst kennen wir nicht

Hat ein Held Angst vorm schwarzen Mann? Nein? Aber der stiehlt doch kleine Kinder so wie ihr es seid! Aber gut, beweist es mir, dass ihr keine Angst habt!

Ein Kind ist der schwarze Mann und steht auf der anderen Seite des Raumes den restlichen Kindern gegenüber. Es ruft: „Wer hat Angst vorm schwarzen Mann?" Die Kinder antworten: „Niemand!" „Warum nicht?", ruft nun der schwarze Mann. „Weil er mit uns spielen kann!", bekommt er zur Antwort von den Kindern.

Nun rennt der schwarze Mann los und fängt so viele Kinder, wie er abschlagen kann. Die Kinder aber können sich auf die andere Seite des Spielfeldes retten. Alle abgeschlagenen Kinder sind nun auch schwarze Männer und rufen ihren Spruch. Das Spiel ist zu Ende, wenn auch das letzte Kind vom schwarzen Mann gefangen worden ist.

Nun wundert mich gar nichts mehr, ihr habt euch ja mit dem schwarzen Mann angefreundet. Da gibt es ja bald niemanden mehr, vor dem ihr Angst habt, oder? Wir werden es gleich sehen. Wir sollen jetzt zu den Spukgesichtern ins Fernsehen, aber ich weiß den Weg gar nicht. Könnt ihr denn Spuren lesen?

Verrückte
Spurensuche

Die Kinder bilden Paare und stellen sich an einer Startlinie auf. Ein Kind geht in Schubkarrenstellung, das andere Kind hält die Füße fest. Dann laufen alle zur gegenüberliegenden Wand, dort tauschen die Paare ihre Rollen und laufen wieder zurück.

Da wären wir. Ich glaube, Dracula und seine Konsorten haben Angst bekommen, es ist ja gar niemand da. Nun dann setzen wir uns hier in einen Kreis und warten eine Weile, ob vielleicht noch jemand auftaucht, vor dem wir Angst haben müssen.

Alle Kinder setzen sich in einen Kreis und erzählen, vor welchen Figuren sie noch Angst haben. Dabei brauchen diese Figuren nicht real zu existieren, sondern können aus jedem TV-Programm oder aus der Spielzeugkiste stammen. Wenn ein paar Namen gefallen sind und die Kinder das Können dieser Figuren genauer beschrieben haben, überlegt sich die Gruppe, was passieren müsste, damit diese Figuren selbst Angst bekämen oder gar weinen würden.

Dann versuchen alle, darauf einen Vers zu dichten. Zum Beispiel: Die Gremlins finden Durchfall grauenhaft, weil das den stärksten Gremlin schafft. Oder: Vampirzähne die helfen mir, gegen den wilden Wario hier. Oder: Captain Hook ist ein Charmeur der weint, weil er hat noch keinen Feind.

Auch kleine Leute haben´s schwer

In die Höhle des Drachen

Nachdem die hier alle so die Hosen voll haben, gehen wir zu einen richtigen Drachen. Helden lieben ja Drachen, aber Drachen finden Helden nur als Mittagessen gut. Um zu unserem Drachen zu kommen, müssen wir durch eine Höhle gehen. Da drinnen ist es total dunkel, und wir benötigen viel Fingerspitzengefühl, um den richtigen Weg zu finden.

Zwei Kinder nehmen sich an die Hand. Ein Kind schließt die Augen und wird vom anderen vorsichtig durch den Raum geführt. Das sehende Kind gibt dem Blinden hin und wieder einen Gegenstand in die Hand. Das blinde Kind versucht zu erraten, was das für ein Gegenstand ist oder wo es sich gerade im Raum befindet. Nach ein paar Minuten ist Wechsel, und das bis jetzt sehende Kind wird nun blind geführt.

Nun will ich doch mal sehen, ob ihr mit dem Drachen umgehen könnt. Und ihr werdet sehen, Drachen haben immer riesigen Hunger, aber sie können überhaupt nicht gut rennen.

Die Kinder teilen sich in zwei gleich große Gruppen auf und bilden zwei Reihen. Dabei gibt das erste Kind dem zweiten die Hand durch die Beine. Dieses hält die Hand mit der Rechten fest und gibt die linke Hand wieder durch die Beine dem dritten usw. Nun gibt es zwei Drachen, die große Schwierigkeiten beim Laufen haben. Trotzdem soll das erste Kind versuchen, das hinterste Kind des anderen Drachen mit der freien Hand abzuschlagen. Welcher Drache schafft es?

Nun brauchen wir uns nur wieder durch die Höhle zurück zu schleichen. Dann reisen wir weiter in eine fremde Burg und erreichen das nächste Abenteuer.

Alle Kinder schleichen ein Stück durch den Raum: Dann wechselt die Erzieherin in verschiedene Fortbewegungsarten, welche die Kinder am Anfang dieser Spielkette selbst genannt haben. Und wenn die Kinder nur durch Teleportation in die Burg gelangen können, dann ist das eben so.

Wie, das bestimmen die Kinder

Die Gespenster hier sind gar nicht so freundlich gestimmt wie die von Schloss Schwanstein. Wenn da jemand den Fuß gebrochen, versehentlich die Arme auf dem Rücken verknotet hat oder womöglich sogar blind ist, dann sollte er oder sie sich schleunigst überlegen, wie man schneller als die Gespenster sein kann.

Alle Kinder stehen in einem Kreis. Immer zwei Kinder halten sich an den Händen, sie bilden ein Gespensterschiff. Ein Paar verlässt den Kreis, der den Hafen bildet, und die restlichen Kinder schließen die Lücke wieder. Das Gespensterschiff versucht nun, gegen ein Schiff aus dem Hafen zu laufen. Wer als Erstes in der Lücke steht, darf stehen bleiben. Das Schiff ohne Hafen tippt dazu ein Gespensterschiff aus dem Kreis an und ruft eine Bewegungsart, die beim Laufen behindert. Das kann auf allen vieren kriechen sein, blind laufen oder die Arme Rücken an Rücken verhakt. Wichtig ist, dass sich das herausfordernde Schiff genauso bewegt.

Nun haben wir den Salat. Vor lauter Angst, die Gespenster könnten uns dabehalten, haben wir uns in den dunklen Gewölben verloren. Wisst ihr denn nicht, dass ein Held niemals einfach von seinen Freunden weglaufen darf? Jetzt stehen wir hier ganz einzeln verteilt und sehen nichts. Jetzt müssen wir uns wiederfinden. Man kann aber im Dunkeln nicht jeder Hand trauen, die einen berührt. Die fremde Hand könnte dich ja auf einen falschen Weg führen. Deshalb haben Helden häufig einen Namen, den nur Freunde kennen, unserer ist heute *(flüsternd!)* „Helden-Prüfung".

In dunklen Gewölben

Alle Kinder bewegen sich im Raum mit geschlossenen Augen. Die Erzieherin flüstert einem Kind ins Ohr, dass es sich nur ganz langsam bewegen und stumm alle anderen Kinder um sich sammeln soll. Begegnen sich nun zwei Kinder, lautet die Frage: „Gehst du zur Helden-Prüfung?"

Bekommt das Kind die gleiche Antwort: „Gehst du zur Helden-Prüfung?", geschieht gar nichts und die Kinder laufen weiter. Bekommt ein Kind aber auf seine Frage keine Antwort, hat es das Kind gefunden, um welches sich alle scharen sollen. Damit nicht ein gefundener Held verloren geht, fassen sich alle Kinder, die sich gefunden haben, an den Schultern und bilden so eine Schlange. Kinder, die in dieser Schlange stehen, werden automatisch auch stumm und können auf die Frage: „Gehst du …" nicht mehr antworten.
Haben sich alle Kinder gefunden, können sie die Augen wieder öffnen. Die Erzieherin achtet während des Spiels darauf, dass sich kein Kind irgendwo anstößt.

Hürden für Helden

Nun sollten wir zurück in die Fantasiewerkstatt gehen. Aber da gibt es noch eine Hürde, die den Helden manchmal das Laufen oder gar Rennen schwer macht. Stellt euch vor, die Fantasiewerkstatt liegt auf der anderen Seite von diesem Berg. Und nun gibt es hier nur einen ganz schmalen Weg. Links und rechts geht es steil hinunter, da sollten wir gut balancieren können. Aber damit noch nicht genug, jetzt kommt auch noch ein wilder Verfolger, also nichts wie weg.

Ein Seil liegt in wilden, aber großen Schlingen auf dem Boden. Kein Kind darf dieses Seil verlassen. Ein Kind wird Fänger. Hat es ein Kind gefangen, wird dieses zum Fänger. Das Schwierige daran ist, dass alle Kinder auf dem gleichen

Stück Seil zwischen zwei Kreuzungen nur in dieselbe Richtung laufen dürfen. Das bedeutet, sie müssen sich einigen, in welche Richtung sie laufen wollen. Auch dürfen sich die Kinder nicht gegenseitig überholen.

Nun sind doch noch ein paar von uns gefangen worden. Da hilft nichts, wir müssen ihnen helfen! Mit Sicherheit werden sie aber bewacht, das bedeutet, wir dürfen uns auf keinen Fall gegenseitig im Stich lassen. Meint ihr, wir können aufeinander aufpassen?

Gefangene befreien

Bis auf zwei Kinder hat jedes Kind einen Gymnastikreifen, der auf dem Boden liegt und in dem es steht. Von den zwei Kindern, die keinen Reifen haben, ist ein Kind Fänger, das andere wird gefangen. Das gejagte Kind darf sich in einen der Gymnastikreifen „retten" und das darin stehende Kind wird zum gejagten. Wird ein Kind gefangen, werden die Rollen getauscht und es wird zum Fänger.

In der Fantasiewerkstatt wird uns unsere nächste Aufgabe gestellt. Ein Held darf nicht vor den eigenen Gruselbildern erschrecken. Wie am Anfang gesagt: Ein Held läuft nicht davon, sondern lernt das Fremde kennen. Nun wollen wir unsere eigenen Gespenster, Monster und andere Schauerlichkeiten zaubern. Dazu müssen wir uns aber an die Tische setzen.

Die Kinder lassen etwas verschiedenfarbige Dispersionsfarben (oder andere flüssige Farben) auf ein Papier tropfen und drücken dann kurz eine nicht saugfähige Platte darauf. Nun ist ein schöner Klecks entstanden, in dem sich sicher einige Ungeheuer finden lassen. Diese werden durch das Nachmalen der äußeren Kontur mit einem schwarzem Stift besser sichtbar gemacht. Nach dem Trocknen können die Bilder im Gruppenraum aufgehängt werden.

Gespenster und Monster

Nun dauert es gar nicht mehr lange und wir haben die Heldenprüfung geschafft. Vorher müssen wir jedoch in unserem Gruppenraum die letzten Prüfungen absolvieren. Also reisen wir zurück.

Die Fortbewegungsfolge, welche die Kinder am Anfang der Spielkette hatten, wird nun in umgekehrter Reihenfolge wiederholt. Anschließend macht die Erzieherin die Kinder darauf aufmerksam, dass sie jetzt wieder im Gruppenraum sind, in dem sich alle einmal richtig umschauen.

Ein Held muss sich manchmal ganz unauffällig bewegen können, das wisst ihr ja alle. So z. B. wenn er jemanden verfolgt, ohne dass dieser es merken darf. Wir probieren das gleich mal aus.

Die Erzieherin lässt Musik laufen, zu der sich die Kinder bewegen. Jeder überlegt für sich, welches andere Kind er fangen möchte, wenn die Musik ausgeschaltet wird. Bei Musikstopp ist das Ziel, das ausgewählte Kind zu fangen, bevor man selbst gefangen worden ist. Wenn die Kinder Lust haben, kann es mehrere Durchgänge geben.

Wie Helden sprechen

Besonders wichtig für Helden, die zusammenarbeiten, ist es, dass sie sich untereinander gut verständigen können. Das bedeutet gut sprechen, aber auch richtig zuhören können.

Alle Kinder verteilen sich gleichmäßig auf die vier Ecken im Raum. Die beiden gegenüberliegenden Gruppen spielen zusammen. Nun flüstert die Erzieherin zwei von den vier Gruppen zwei verschiedene heldenhafte Begriffe ins Ohr. Die Gruppen schreien ihn auf ein Zeichen der Erzieherin ihrer gegenüberliegenden Gruppe gleichzeitig zu. Der Begriff muss für die Kinder gut darstellbar sein. Sobald die Gruppe den Begriff verstanden hat, stellt sie ihn pantomimisch dar. Haben beide Gruppen den Begriff dargestellt, dürfen sie in der nächsten Runde schreien.

Pantomimisch darstellen

So, nun haben wir die Prüfung geschafft und was mich betrifft, kann ich euch sagen, ihr habt alles ganz toll gemacht. Vor allem haben alle das Helden-Diplom verdient. Bevor wir aber die Diplome verteilen, ruhen wir uns noch kurz aus, anstrengend genug war es ja!

Alle Kinder stellen sich in einen Kreis und stehen dabei rechtsherum mit Blick in Kreisrichtung. Anschließend rutschen die Kinder so eng zusammen, dass sie fast schon Hautkontakt zueinander haben. Nun können sich alle gleichzeitig auf die Knie ihrer Vordermänner/ -frauen setzen und sich ausruhen.

Die Helden-Diplomverteilung sollte in einem festlichen Rahmen stattfinden: Vielleicht gibt es dabei auch etwas zu trinken. Die Kinder haben nach so viel Bewegung mit Sicherheit Durst. Ganz toll ist es, wenn in jedem Diplom der Name des Kindes steht. Die Kinder werden aufgerufen und erhalten dann mit Handschlag ihr Diplom und ihre Helden-Anstecknadel.   *H. B.*

Eine Feier
für die Helden

Helden, gibt es die?

Helden, es gibt sie!
Und was sind sie?
Menschen, Dinge oder Tier?
Gibt es einen oder vier?
Und was tut ein Held?
Hilft er den Menschen in der Welt?
Melkt er die Kühe in dem Stall?
Oder fliegt er irgendwo im All?
Denk mal nach und sag es mir.
Sind Helden vielleicht – ich? Du? – Wir?

aus Bausteine Kindergarten, 4/91

Der Nabel der Welt

*Kinder stehen für sich selbst im Mittelpunkt, sind der „Nabel der Welt".
Die Eltern empfinden sie als konzentrischen Kreis um diesen Mittelpunkt
herum. Sie, vor allem die Mutter, geben ihnen die nötige Sicherheit, die
Basis, von der aus sie agieren können. Welche Ängste sie trotz dieser siche-
ren, warmen Basis empfinden können, ist im Teil 2 (Kinderängste) beschrieben worden. Hier nun zwei kleine Spiele, durch die Kinder das
„Loslassen" üben können.*

MEINE LIEBLINGSWÖRTER

Die Kinder laufen im Raum oder auf dem Hof herum. Eins hat eine
Mütze auf dem Kopf. Es läuft hinter einem anderen her, bis es ihm die
Mütze auf den Kopf setzen kann. Das „gefangene" Kind sagt nun
schnell sein Lieblingswort. Dann darf es wiederum ein anderes Kind
fangen. – Dieses Spiel kann man so variieren, dass der Kosename, der
eigene Name, der der Mutter oder des Vaters genannt werden muss.

ICH BIN ALLEIN

Ein Kind setzt sich auf einen Stuhl in der Mitte des Kreises. Es hat sich
eine Situation ausgedacht, in der es Hilfe brauchen könnte. So erzählt
es zum Beispiel: „Ich bin allein zu Hause." – „Ich bin allein im Keller." – „Ich
bin allein im Wald." – „Ich stehe allein an der Straße." – „Ich bin allein auf
dem Spielplatz." etc. Weiß eines der anderen Kinder einen Rat oder eine
Hilfe, wird dies dem Kind angeboten. Das könnte sein: „Ich gebe dir ein
Telefon, damit du deine Mutter anrufen kannst!" – „Ich gebe dir eine
Taschenlampe!", „Ich gehe mit dir!" und vieles mehr. Das Kind hört sich
die Hilfsangebote an und sagt dann, für welches es sich entschieden
hat. Das Kind, das die Hilfe angeboten hat, geht zum Stuhl, holt das
sitzende Kind ab, und beide tanzen zwei, drei Runden um den Stuhl
herum. Nun setzt sich das nächste Kind auf den Stuhl.

Meine Welt, kleine Welt

Nach dem (hoffentlich) behüteten Dasein der Kinder im Elternhaus machen sie ihre erste Bekanntschaft mit einer Gruppe von (gleichaltrigen) Menschen im Kindergarten. Dieser ungewohnte Umgang mit anderen Kindern – wobei das einzelne Kind selbst nicht mehr ständig im Mittelpunkt steht – erfordert ganz neue Toleranzen. Diese müssen geübt werden. Ein paar Anregungen dazu finden Sie hier.

ICH IM KREIS

Wir stellen uns im Kreis auf, im Raum oder draußen auf einer Wiese. Jedes Kind darf nun einzeln in die Mitte des Kreises und dort tun, was es mag. Es darf ein Lied singen, Grimassen schneiden, einfach rumstehen, ein Kunststück vorführen oder nach Lust und Laune schreien. Alle anderen klatschen danach laut Beifall. Dann ist das nächste Kind an der Reihe. Wenn sich jedes Kind einmal beteiligt hat, kommt das chaotische Finale: Alle tun nun gleichzeitig, was sie vorher allein im Mittelpunkt getan haben. Nach diesem faszinierenden wilden Durcheinander klatschen sich alle gegenseitig Beifall.

DAS GESCHENK

Ein „Ding" wandert im Sitzkreis herum. Anna hat es in der Hand. Sie wendet sich an Paul zu ihrer Linken und sagt: „Ich schenke dir dies Ding. Du kannst es streicheln." Paul streichelt das Ding und gibt es an Esther nach links weiter: „Ich schenke dir dies Ding. Du kannst daran riechen." So wandert das Ding als Geschenk mit vielen Möglichkeiten einmal im Kreis herum, bis es wieder bei Anna landet.

BLAU, GRÜN, GELB

Die Kinder bekommen farbige Bänder um die Stirn gebunden; ein Drittel blaue, ein Drittel grüne und der Rest gelbe. Die Spielleiterin erzählt eine Geschichte, in der diese Farben vorkommen. Wird „gelb" genannt, lassen sich alle Kinder mit gelben Stirnbändern langsam zu Boden sinken. Die Kinder mit den anderen Stirnbändern müssen dies verhindern, indem sie den „Gelben" auf die Schultern tippen. Doch auch wenn das nicht so ganz klappt, ist es nicht weiter schlimm. Danach wird eine andere Farbe genannt. Zum Schluss erzählt die Spielleiterin zum Beispiel: „Und da lagen alle gelben, grünen und blauen Pflaumen im Korb." Jetzt purzeln alle Kinder auf den Boden, das Spiel ist zu Ende.

Du bist anders

Wahrscheinlich im Kindergarten lernen Kinder zum ersten Mal ausländische, andersfarbige, anderssprachige, behinderte Kinder kennen. Das macht – wie schön – unseren Kleinen normalerweise sehr viel weniger Kopfzerbrechen als den größeren Menschen. Übungen und Spiele können das noch unterstützen. Ein paar Ideen dazu finden sich hier. Vielleicht kommen Sie dadurch auf weitere?

VIER FARBEN

Die Ecken des Raumes werden mit farbigem Papier, Karton oder Ähnlichem „eingefärbt", die eine schwarz, die andere weiß, die dritte braun und die vierte gelb. Dann spielen wir vier farbige Runden. In der ersten ruft die Spielleiterin: „Sachen!" Die Kinder laufen ganz schnell zu den Ecken, zu welchen ihnen ein Gegenstand einfällt, etwa „Eigelb", „schwarze Schuhcreme", „Eis" oder „Brot". In der zweiten Runde sind die Pflanzen an der Reihe. In der dritten Runde geht es um Tiere und in der vierten schließlich um Menschen. Sind die Kinder in den Ecken, nennen sie nacheinander ihre Begriffe und laufen dann wieder in die Mitte des Raumes.

DAS MITBRINGWORT

Die Kinder bekommen die Aufgabe, am nächsten Tag ein Wort mitzubringen. Dieses Wort soll ganz unbekannt, darf ruhig in einer anderen Sprache und auch „sehr schwer" sein. Nur die deutsche Bedeutung des Wortes, die muss auch mitgebracht werden. Am nächsten Tag setzen sich alle in einen Kreis. Die Kleinen sind sicher schon unruhig und wollen ihr Wort loswerden. Ein Kind beginnt und spricht das neue Wort. Die anderen rätseln, was es wohl bedeuten könnte. Derweil wird das Wort von der Leiterin aufgeschrieben. Haben alle ihre Vermutungen geäußert, nennt das Kind die richtige Bedeutung. Sie wird neben das unbekannte Wort geschrieben. So geht es weiter, bis alle Kinder an der Reihe waren. Dann wird jedes einzelne Wort vorgelesen, noch einmal seine Bedeutung genannt und so viel wie möglich hinzugefügt: aus welchem Land das Wort stammt, wie es in diesem Land ist, wer schon einmal dort war oder einen Freund aus diesem Land hat. Am Ende sprechen alle noch einmal alle „Mitbringworte", die sie jetzt schon ganz gut beherrschen.

Was wir zusammen alles können!

Zum Ausklang dieses Buches geht es um Mutmachen, um die Aufforderung, nur ja neugierig zu sein, um die Unterstützung des Entdeckerdrangs und der Lust, etwas auszuprobieren. All das sollte nicht etwa unterdrückt werden, auch wenn dadurch manchmal etwas brenzlige Situationen entstehen können. Je mehr sich Kinder zutrauen, desto weniger schwer haben sie es mit sich selbst und mit anderen.

WIR KÖNNEN ALLES

Die Kinder stehen im Kreis. Die Frage lautet, was wir alles zusammen können. Kommt ein Kind auf eine Idee, läuft es in die Kreismitte und spielt dort die Tätigkeit vor – aber ohne sie wirklich zu tun. Ein Kind kommt vielleicht auf das Singen, also stellt es sich in die Mitte und tut so, also ob es singt. Ein anderes läuft auf der Stelle, ein drittes schläft, ein viertes klettert auf einen Baum, ein fünftes spielt im Sand oder tanzt. Erkennen die anderen, was das Kind meint, machen sie mit. Jetzt darf es aber – wenn möglich – wirklich geschehen, jetzt können alle durcheinander singen, laufen oder was auch immer. Wenn nicht alle zu dem Gewünschten in der Lage sind – weil vielleicht ein Kind in einem Rollstuhl sitzt oder die Sprache nicht beherrscht –, dann überlegen alle zusammen, was sie stattdessen oder wie sie es wirklich zusammen tun können.

GEHEIMNIS

Ein Kind geht zu einem anderen und flüstert ihm etwas ins Ohr. Jetzt laufen beide Kinder wiederum zu anderen und flüstern ihnen dasselbe ins Ohr. Das geht so lange, bis alle Kinder die geheime Botschaft kennen. Dann wird „eins, zwei, drei" gezählt, und gemeinsam schreien alle Kinder laut die Botschaft. Diese kann einfach aus einem witzigen Wort bestehen. Es kann sich aber auch um etwas handeln, das alle Kinder am nächsten Tag mitbringen sollen; vielleicht Tücher, aus denen gemeinsam ein Tücherbaum gebaut wird, Obst, aus dem ein wunderschöner Obstsalat entsteht oder Ähnliches.

Burckhardt**H**aus-**L**aetare
Aus der Praxis – für die Praxis

192 Seiten,
19,90 Euro

96 Seiten,
9,90 Euro

96 Seiten,
9,90 Euro

208 Seiten,
19,90 Euro

96 Seiten,
9,90 Euro

96 Seiten,
9,90 Euro

208 Seiten,
19,90 Euro

96 Seiten,
9,90 Euro

96 Seiten,
9,90 Euro

192 Seiten,
19,90 Euro

96 Seiten,
9,90 Euro

72 Seiten,
9,90 Euro

212 Seiten,
19,90 Euro

96 Seiten,
9,90 Euro